차마
애써 외면하려
하기 전에

지금, 이재명이 필요합니다

차마 애써 외면하려 하기 전에

지금, 이재명이 필요합니다

"지금 망설임을 넘지 못하면,
기회도 지나간다."

김용민 올림

아마존의나비

차마 애써 외면하려 하기 전에
지금, 이재명이 필요합니다

발행일 · 2025년 5월 23일 초판 1쇄

지은이 · 김용민

펴낸이 · 오성준
편집 · 김재관, 김호경

본문 일러스트 · 주홍수
본문 디자인 · 김재석
표지 디자인 · 포터스하우스 디자인

펴낸 곳 · 아마존의나비
등록번호 · 제2020-000073호(2014년 11월 19일)
주소 · 서울시 은평구 통일로73길 31
전화 · 02-3144-8755, 8756 팩스 · 02-3144-8757
이메일 · info@chaosbook.co.kr
ISBN · 979-11-90263-34-4 03340
정가 · 12,000원

| 지은이 |

김용민

구독자 84만 명을 보유한 youtube 채널 '김용민TV' 운영자. 한국기독교장로회 벙커1교회 담임 목사. 극우 교회와 한국 보수 정치 세력의 연결 지점을 연구한 문화학 박사. 극우 교회의 가스라이팅에 맞서 싸우는 사단법인 '평화나무' 이사장.

김용민은 우리나라 시사·정치 유튜버 중 가장 먼저 이재명 지지를 선언하고, 이재명을 '대동세상, 억강부약'을 실현할 유일한 대통령감으로 평가하고 있다. 이재명을 무조건적으로 혐오하는 이들의 감정 이면에는 증오가 아니라 두려움이 자리하고 있으며, 그 두려움은 이재명의 시대가 우리 공동체 전체에 가져다 줄 거대한 공익적 가치를 이해시킴으로써 해소할 수 있다고 생각한다.

이 책이 이재명 선택을 망설이는 이들로 하여금 이재명에 들씌워진 근거 없는 거부의 감정을 녹여 대동세상의 길에 함께 나아가는 데 자그마한 도움이 되기를 소망한다.

최근 저서로 『마이너리티 이재명』, 『성경혁명』 등이 있다.

YouTube youtube.com/@kimyongminTV
         https://www.facebook.com/funronga
Gmail   kimyongmintv@gmail.com

차례

프롤로그

부디 끝까지 읽어 주십시오

		프	롤	로	그			

벗 님들께,

먼저 제 소개부터 하겠습니다.

저는 국민학교 5학년 때부터 조간신문을 읽으며 한국 정치를 40년 먼저 지켜봐 온 시민입니다. 참 조숙했다고요? 정치라는 것을 제 삶의 관심 영역으로 둔 이유는 사실 최루 가스 때문이었습니다.

살고 있던 동네 −서울 마장동− 부근에 한양대학교가 있었고, 날이면 날마다 그곳에서 시위가 벌어지고 경찰이 이를 저지한다며 최루탄을 쏘아댔지요. 아직 어린이였던 저는 콧속으로 들어와 헤집는 고통의 근원이 무엇일까 알려 했고, 처음엔 목사인 아버지가 조·석간으로 보시던 신문에서 해답을 찾으려 했지요. 그러나 조간은 한국 대표 보수 신문 조선일보, 석간은 통·반장이나 보던 서울신문이었습니다. 제 기억에 두 신문은 평화롭고 번영하는 대한민국만 기록했습니다. 그래서 신문 밖에서 현실을 알아 봤습니다.

아버지가 시무하던 교회에 다니던 운동권 형님 누님에게서 당시 집권자 전두환 씨의 진면모를 들었습니다. 교인 중에는 호남 출신이 많아 광주에서 학살이 있었다는 말도 들었습니다. TV에서는 날마다 '우리 대통령' 찬가가 울려 퍼지는데 실상은 그가 살인마였다니, 이 두 개의 모순된 현실은 국민학생인 제게 큰 혼란이었습니다. 그러다가 1987년 유월항쟁과 개헌, 직선제 대통령 선거를 거치면서 내가 사는 조국이 총칼 따위에게 압제당하지 않는 나라임을 알게 됐습니다. 우리나라 정치 현실이 만화보다 흥미롭다 보니 그때부터 한발짝 한발짝 따라갔지요. 최연소일지는 모르겠으나 아주 어린 나이부터 정치 마니아가 된 셈입니다.

노무현으로부터

그 뒤로 무려 아홉 번의 대통령 선거도 관심 있게 지켜 봤습니다. 저의 현재 직업이 목사이지만, 그보다 앞선 저의 정체성은 정치 시사 유튜버입니다. 관심이 직업이 됐으니 저는 무척 행복한 사람입니다. 아무래도 조선일보에 영향을 받아서인지 김대중이라는 정치인을 '권모술수', '노욕', '거짓말' 등 편견 어린 눈으로 규정했고 내심 김영삼-이회창을 지지하기도 했습니다.

그러나 김대중 재임 시기 2000년 남북정상회담, 이 시기와 맞물린 광복 이후 최대 경제 국난 외환위기를 극복하는 모습을 보며 효능감 있는 정치의 진면모를 보게 됐고, 극우 성향 김장환 목사가 운영하던 방송사에서 직원으로 재직하다 교회 개혁 이슈로 사실상 해고당하면서 이때부터는 민주 진영 쪽에 뿌리를 내리게 됐지요.

그 무렵 대선이 있었는데 후보가 노무현이었습니다. 노무현은, 성공과 승리만 기억하는 정치 무대에서 '원칙 없는 승리'보다 '원칙 있는 패배'가 낫다며 가시밭길을 자초했고, 누구도 넘지 못했고 넘으려 하지도 않았던 지역주의, 패권주의 정치에 도전했지만 내내 고배를 마셨지요. 사실 제 나이(1974년생) 또래는 5공 청문회에서 맹활약하던 노무현에게서 한국 정치의 변화 가능성을 처음 봤고, 기술 진화로 만들어진 인터넷 중계를 통해 그의 '바보'스럽지만 뚝심을 굽히지 않는 태도를 전국 방방곡곡에서 수시로 관찰하게 됐습니다.

2000년 총선에 부산에서 도전한 그는 결국 지역주의

차마 애써 외면하려 하기 전에: 지금, 이재명이 필요합니다

에 또다시 고배를 들었지만 "농부가 밭을 탓할 수 있느냐"라는 말로 많은 사람들에게 감동을 주었습니다. 이들 지지자들은 온라인으로 결집됐고 그것이 바로 노사모였습니다. 2002년 제16대 대통령 선거의 승리자가 된 그는, 자신의 당선이 한국 정치사의 최대 업적이라 말했듯 고졸 흙수저의 승리로서 한국 정치 역사의 새로운 페이지를 열었습니다. 민주주의 앞에 '참여'라는 말을 붙여 기득권의 전유물이던 권력을 온 국민의 것으로 바꾸려 노력했습니다. 그러나 노무현은 그 정권을 오욕으로 덧칠해 또 다른 노무현의 출현을 막고자 했던 정치 검찰에 의해 탈탈 털렸고, 작은 흠결에도 괴로워한 그는 부엉이바위에서 뛰어내리고 말았습니다. 그뒤 이어진 500만의 추모 열기를 우리는 똑똑히 보았습니다.

이재명의 발견

'노무현 이후' 민주 진보 진영은 정치적 지향을 노무현 시대로의 복원으로 설정했고, 대안으로는 권력 의지가 약한 그의 비서실장 문재인을 택하게 되지요. 노무현이 생각나기에 문재인이었지만 그는 무언가를 바꾸려는 의지가 없었고, 결과적으로 자신을 대신해 검을 휘두르며 무소불위의 권력을 남용하다 배반하여 경쟁당의 대선 후보로 나선 '깡패 검사' 윤석열에게 권력을 넘깁니다. 윤석열은 3년도 못 돼 국민에 의해 파면당했고요.

노무현 사후, 많은 이들이 그렇게 문재인을 주목할 때, 저는 민주당 주말 당직자였고 성남을 기반으로 시장(2006), 국회의원(2008)에 도전했다 낙방한 민주당 부대변인한 명에 시선을 뒀습니다. 날카롭지만 유연함이 느껴졌던 그이가 바로 이재명이었습니다. 저에게 보여 준 첫 존재감은 이른바 '지곤조기' 사건이었습니다. 2008년 7월 대통령이명박이 해외 일정 중 교과서 해설서에 독도를 일본 땅이라 쓰겠다던 일본 총리에게 "**지금**은 **곤**란하다. **조**금만 **기**다려달라"라는 반응을 보였다고 일본 요미우리신문 등이 보도했습니다. 이 보도에 대해 이명박 청와대는 부인했지만, 이재명은 일본 매체를 상대로 소송을 걸어 진위 여부를 알려고 했습니다. 정석대로라면 이명박을 겨냥해 추궁 공세를 벌여야 하지만 이재명은 겉으로는 "우리 대통령이 그럴 리가 없다"라고 하며 일본 언론에 대한 법적 압박으로 진실을 파악하려 했습니다. 그러나 우리 법원은 사실을 제대로

차마 애써 외면하려 하기 전에: 지금, 이재명이 필요합니다

파악하지도 않고 청와대 말만 듣고 덮고 말았지요.

저는 여기서 감탄했습니다. '지못미', '졌잘싸'에 익숙한 민주 진보 진영에서 이런 기지 어린 싸움꾼이 있었나 하는 생각에 말입니다. 장래 큰 정치인이 될 것이라고 짐작했습니다. 그러나 민주당에 즐비한 대선 주자 사이에서, 세력도 돈도 없는 수도권 변방의 변호사가 과연 얼마나 기다려야 대선 주자급의 위상을 가지게 될까 하는 생각에 곧 회의했습니다.

그러던 그가 2010년 지방선거에서 성남 시장에 당선됐다는 소식이 들려 왔습니다. 그러더니 취임 선서 잉크도 채 마르기 전에 모라토리움, 즉 성남시 채무 지불 유예를 선언하며 8년간 상대 당이 쥐어 왔던 성남시의 공직 사회를 대대적으로 흔들었습니다. 그도 그럴 수밖에 없었던 것이 성남시 의회에서 그가 속한 정당 민주당은 소수에 그쳤습니다. 이 메커니즘 속에 성남시 공무원들이 불굴의 시민운동가 출신의 새 시장 이재명의 개혁에 협조할 리 만무했습니다.

이재명 감동

결국 이재명은 현실에 지배당하지 않고 길이 막히면 시민에게 호소하며 하나하나 꿈을 만들어 갔지요. 이 과정에서 제가 가장 감동받은 사건이 있었는데요. 시민을 위해 운영되던 스케이트장 예산을 전액 삭감한 반대당(새누리당) 의원 이름을 시 청사 입구에 부착하고 이를 SNS를 통해 알리며 시민들과 소통한 끝에 이듬해 전액 해당 예산을 복구한 일이었습니다.

그밖에 청년 배당 도입, 무상 교복·무상 산후조리원, 시립의료원 건립, 철저한 공공 개발 우선 원칙, 적극적 권*한 행사와 소통 행정은 이재명 시정의 트레이드 마크가 됐지요. 민간 사업자에게 넘어갔던 대장동 사업을 공적 개발로 전환해 얻은 수익으로 시민에게 '오직 성남 시민이라는 이유 하나로 배당금'을 나눠 주려 한 것도 나중에 알았고요. 공익적 문제라면 싸워서 관철할 줄 아는 공복 이재명, 길이 막히면 환경 탓 운명 탓으로 멈추고 마는 기존 민주당 무능 정치를 넘는 새 길을 보여 준 것이지요.

그 효능감에 성남 시장을 재선했고, 경기 도지사에 도전해 16년만에 민주당 간판으로 당선됐습니다. 경기 도지사 취임 이후 몇 달 동안 이재명은 당시 문재인 정권 요직에 있던 자의 측근 경찰 검찰로부터 집요한 수사를 받았지요. 게다가 대통령 극렬 지지자들로부터 자신과 부인이 패륜적 언행을 일삼는 사람으로 매도당하기까지 했습니다. 이러한 영향 탓에 도지사 취임 초기 오마이뉴스가 매달 진행했던 광역 단체장 여론 조사에서 꼴등으로 내려앉은 적도 있었습니다. 훗날 모두 무죄 무혐의가 확인된 2020년 7월 대법원 판결 무렵에는 같은 조사에서 1위로 올라섰습니다. 노력과 열정의 결과물이었지만 막상 그 결과는 거의 신묘막측했습니다.

물론 무죄 무혐의는 쉽게 나온 게 아니었습니다. 재판은 대략 2년 못 되게 이어졌습니다. 이재명은 자신의 근무 시간은 곧 경기도 1,400만여 도민의 시간이라며 일과 중에는 업무에만 전념했고, 금요일 저녁부터 월요일 아침까지는 꼬박 집에서 재판 준비를 해야 했습니다. 밥 먹을 시간조차 아까운 상황에서 아내 김혜경 씨가 김밥을 싸 와 입에 넣어 주기도 했다더군요.

경기 도지사 시절 그의 상징적 업적으로 계곡 정비를 꼽지요. 그 자체도 훌륭한 업적이었지만 이해 당사자와의 대화와 타협, 그리고 '요요 현상'이 나타나지 않게 만드는 집요한 후속 조치, 이것만으로도 '행정 천재' 이재명은 빛났습니다. 이뿐 아니지요. 코로나19 시기 전국 최초 재난 기본 소득 지급, 경기도 공공 배달 앱 '배달 특급' 운영, 공공 개발 이익 도민 환원제 추진, 경기도 기본 주택 정책 구상, 경기 북부로의 공공 기관 3차 이전 추진, 도정 전 분야에 대한 데이터 행정 도입은 그 아이디어도 아이디어지만 추진력과 성과 면에서 가히 이재명스러운 성과를 도출해 냈습니다. 2022년 지방 선거 서울·인천 시장까지 국민의힘에 넘어간 상황에서도 경기도에서만은 민주당이 승리한 배경이 무엇이었겠습니까?

이재명의 간난

이재명은 2022년 민주당 대선 주자가 됩니다. 큰 의미가 있었습니다. 이 당은 YS의 통일민주당과 갈라져 1988년 창당한 평화민주당에 뿌리를 두는데 2002년까지 14년 동안 이른바 동교동계가 당내 주류를 이루었고, 2002년 이후로 2022년까지 약 20년 동안은 이른바 친노·친문 세력이 주도권을 쥐었습니다. 이재명은 이 틈바구니에서 혈혈단신

오로지 국민 지지만으로 결선 투표를 기대할 여지도 없이 민주당의 대선 주자가 됐습니다.

이재명은 그러나 본선에서 0.73%P 차로 석패했습니다. 당내 적대 세력과 경쟁자 윤석열, 그와 연결된 검찰, 언론에 의한 집요한 공격의 여파였습니다. 그는 자신의 장점과 성과를 제대로 홍보할 여지도 없이 적대 세력이 제기하는, 실체도 증거도 없는 '대장동 게이트'에 짓눌렸습니다. 20대 대선 패배가 이재명에 노골적 반감을 가진 문재인 세력의 비협조를 넘어선 선거 방해 탓이라는 게 제 분석입니다. 문재인은 이재명이 후보로 선출된 이틀 뒤 검경에 대장동에 대한 엄정 수사를 지시했고, 이에 호응하듯 당의 일부 세력은 한동안 '후보 교체 가능성'을 들먹이며 이재명 선거 운동에 주저했습니다.

결국 윤석열이 당선되었습니다. 그리고 얼마 안 돼 당 대표로 컴백한 이재명을 죽이려고 제기한 모두 12개의 혐의로 5개의 재판을 받게 만들었지요. 고법에서의 무죄 결정으로 다 이긴 줄 알았던 공직선거법 상고심에서 이재명에게 반감을 가진 조희대의 대법원에서 무리하게 진행된 '희대의 재판'과 '희대의 판결' 끝에 유죄로 뒤집어졌습니다.

윤석열 집권기에 그를 겨냥한 구속이 시도됐고 동지라 하는 자들에 의해 '체포 동의'된 서글프고 참담한 일도 있었지요. 심지어는 인신 테러마저 감행됐습니다. 기억하시지요? 2024년 1월 2일, 지지자를 가장한 자가 흉기로 이재명의 목을 노린 사건. 일개인의 일탈이 아님은 그해 말 12·3 비상계엄 당시 '수거' 공작 대상에 이재명의 이름이 올랐다는 점에서 충분히 유추할 수 있는 일이지요. 그럼에도 그는 12·3 내란에 이은 조기 대선에서 90%에 이르는, 김대중을 뛰어넘는 사상 초유의 지지율을 등에 업고 민주당 대선 후보로 선출됐습니다. 여론조사 대선 후보 지지율에서는 다자간 경쟁에선 보기 힘든 50%를 넘는 기록도 창출했습니다. 또 다른 물리적 테러만 차단할 수 있다면 2025년 6월 3일, 그는 대통령이 될 것입니다. 세상에 이런 드라마와 스토리를 가진 대선 후보로 누가 있었을까요?

함께 찾는 희망

이재명의 삶은 교통사고를 가장한 테러와 납치 공작, 내란 혐의를 뒤집어씌워 사법 살인을 시도하는 등 박정희

전두환 군부 독재 정권의 가혹한 탄압에도 외환위기 국난의 시기에 구원 투수로 마운드에 선 김대중을 떠올리게 합니다. IMF 외환위기 극복, 초고속 인터넷 인프라 구축, 최초의 남북정상회담과 햇볕 정책, 국민기초생활보장법 제정, 국민연금 전국 확대 실시, 고용 보험 제도 확대, 비정규직 보호 대책 마련, 한류 문화스포츠 산업 진흥은 재임 시기 김대중의 성과 아닙니까?

저는 이재명이 꼭 대통령이 됐으면 하는 사람입니다. 종교인 입장에서, 칼에 찔리던 2024년 1월 2일, 단 1mm만 더 들어갔어도 그는 망인이 됐을 것인데, 그 극단의 상황에서 그를 구원한 신의 뜻을 성찰해 본 결과입니다.

다소 긴 서문이 됐습니다만, 이는 "그래도 이재명은 안 되겠다"고 생각하시는 님에게 이 편지를 드리고자 하는 이유의 밑자락입니다. 이재명의 당선은 저 개인만이 아닌 우리 국민 전체의 이익과 결부됩니다. 1% 달성도 어려운 급락하는 경제 성장률, 트럼프의 고율 관세에 따른 수출 감소 등 무역 환경의 악화, 부동산 시장 불안과 가계 부채 위험성, 인구 구조 변화와 고용 문제의 해법을 내란 또는 내란 옹호 세력에 맡길 수 있겠습니까?

부디 제 편지를 끝까지 읽어 주십사 부탁드립니다. 이

재명에게 덕지덕지 붙은 '악마화' 딱지를 떼어내면 한국 정치를 가장 정확하게 읽는 눈을 얻을 수 있을 것입니다. 언제까지 우리는 "정치인들, 다 똑같아"라는 밑도 끝도 없는 정치 불신의 늪에서 허우적대야 할까요? 진지하게 답을 찾는 계기가 됐으면 좋겠습니다.

1

계엄을 선포한 자,
목숨 걸고 계엄을 막은 자

물론 이재명은 완벽하지 않습니다. 그러나 그에게 드리워진 악마화 프레임은 과도했습니다. 자신의 형을 강제로 정신병원에 입원시켰다든지 여배우와 불륜 관계였다든지 조폭과 연루됐다든지 대장동 사건 '50억 클럽' 주범이라든지 하는 것들은 몽땅 새빨간 거짓말로 확인됐습니다. 형의 어머니 폭행에 대한 분노라는 맥락을 거세한 채 형수에 대한 욕설로 둔갑된 통화는 또 어떻습니까? 하지만 지난 20대 대선에서의 낙선이 악마화 프레임에 제대로 대처하지 못한 것이라면 남 탓할 여지가 없습니다. 거기에는 실력이 모자란 탓도 있었습니다. 선거는 부정이 아닌 이상 모든 악재에 대비해야 합니다. 그리고 돌파해야지요. 이는 국정 운영에 있어서도 마찬가지입니다. 모든 경우의 수에 대비해야 한다는 점에서요. 대선은 그만큼 엄중한 무대입니다.

그런 점에서 그때 선택된 윤석열은 이재명을 누를 만

큼 과연 20대 대선 승자로서 적합한 인물이었을까요? 2025년 4월 4일, 취임 2년 11개월만에 윤석열은 대통령직에서 파면됐습니다. 계엄령을 발동하여 군을 동원해 국회를 장악하려던 초헌법적 시도가 결정적 이유가 됐습니다. 경고성 계엄으로 국민과 국회를 계몽하려 했다는 등 온갖 해괴한 주장을 펼쳤는데 뒤안길마저 실소로 뒤덮이게 만든 것은 오로지 본인 탓이었습니다. 그는 정치적 판단력은 고사하고 민주주의에 대한 관념 자체가 없었던 사람이었습니다. 오직 '정권 유지'를 위해 헌법의 근간을 흔든 행위도 마다 않은 자였습니다. 그에겐 인간의 기초적 도의인 책임감도 없었습니다. 아니, 그런 것쯤은 있으리라는 기대조차 허망한 일이었지요. 집권기 내내 윤석열을 옹호했던 보수 논객 김진 전 중앙일보 논설위원은 뭐라고 했습니까?

"계엄 이후 내가 돌변한 이유는 논리와 명분이 명백하다. 계엄 자체도 큰 잘못이었지만, 모든 책임을 부하들에게 돌려 부하 군인들을 거짓말쟁이로 만든 게 더 심각하다."

"지도자로서 비겁함과 교활함은 절대 용서받지 못한다. 내가 격노한 것이 바로 이 대목이다."

내란 우두머리의 실체

윤석열은 명령을 받고 국회에 침투한 군인들이 "자기들 마음대로 한 것"이라고 주장했습니다. 전두환조차 "모든 사건에 대한 책임은 제5공화국을 책임졌던 저에게 모두 물어 주시라"라고 했던 터였습니다.

윤석열의 이러한 태도는 1950년 6월 28일, 한강 인도교 폭파를 명령한 이승만의 과오와 닮았습니다. 대통령 이승만은 논란이 되자 폭파 실무 책임자인 공병감 최창식 대령에게 모든 책임을 뒤집어씌웠습니다. 군인으로서 명령에 따른 죄밖에 없는 영관급 장교는 그해 9월 부산에서 열린 군법회의에서 총살형에 처해졌고 처분은 즉결에 가까웠습니다. 이승만은 서울로 돌아와서는 남아 있던 사람들 중 부역자를 색출한다고 55만 명을 체포하고 800여 명을 처형했습니다. 제1호 피난민으로서 자신의 비겁함을 복기하는 사람이 없도록 하기 위한 비열한 처사였지요. 저는 일찍이 이승만(독재), 박정희(내란), 전두환(학살 기도), 노태우(공안 정국 조성), 김영삼(무능), 이명박(부패), 박근혜(국정 농단)의 악한 점만 골라 모은 대통령이 윤석열이라 했습니다.

윤석열이 이럴 수밖에 없는 이유는 그가 검사 출신이

란 점 때문이었습니다. 누차 "검사는 깡패가 아니다"라고 주장했지만 그에겐 동전의 양면이었습니다. 검사로 있을 때 윤석열은 상급자인 한상대 검찰총장, 이영렬 서울중앙지검장, 조국 법무부 장관, 추미애 법무부 장관에 이어 자신을 중앙지검장, 검찰총장으로 임명한 문재인 대통령에게까지 칼을 휘둘렀습니다. 그리고 권력의 무게 중심이 자신에게 있음을 과시했지요. 배신과 폭력을 법치와 공정으로 둔갑시켰고요. 그렇게 권력을 탈취했지요.

그에게 있어 사람은 세 부류인데 범죄자와 범죄자로 만들 수 있는 사람 그리고 아내 김건희일 것입니다. 요컨대 그는 법치 아래 국민에 대한 헌신과 정의의 실현, 사회 통합을 실현할 훈련을 해 본 적이 없습니다. 그런데 우리 국민은 정치 입문 1년도 안 된 그에게 덜컥 대통령이란 권력을 맡긴 것입니다.

12·3 비상계엄 직후 관저에서 윤석열을 만난 여권 인사들의 공통된 전언은 "군대를 안 다녀와서 그런지 계엄을 선포하면 군대가 명령에 따라 착착 움직일 줄 알았던 것 같다"라 했다고 하지요. 부당한 지시엔 명령을 거부하는 것이 양심의 자유를 보장한 헌법적 가치(제19조)인데 이를 까맣게 몰랐다고 합니다. 2022년 대선에서 윤석열은 최악의 오

답이었습니다.

위기 시 리더의 자세

이날 이재명은 어땠습니까? 비상계엄이 선포된 시점에 유튜브 라이브를 통해 "군대가 이 나라를 통치하게 내버려둘 수 없다"고 호소하며 시민에게 국회 앞으로 모여 줄 것을 요청했습니다. 민주주의 절체절명의 순간, 이재명이 당시 무슨 말을 했는지 다시 한 번 묵고해보십시오.

"윤석열 대통령이 비상계엄을 선포했다. 이는 위헌적이고 반국민적인 계엄 선포다."

"국회가 비상계엄 해제 의결을 해야 하는데, 군대를 동원해 국회의원들을 체포할 가능성이 매우 높다."

"계엄 선포 자체가 실체적, 절차적 요건을 갖추지 않아 원천 무효다."

"저희도 목숨을 바쳐 이 나라 민주주의를 꼭 지켜 내겠습니다."

"국회는 이 나라 민주주의 최후의 보루다. 저와 민주당 국회의원, 많은 이들이 목숨을 걸고 민주주의와 나라의 미래, 국민의 안전과 생명, 재산을 지키겠다."

"절박한 시간이다. 나라의 운명이 풍전등화다."

"위기는 곧 기회로, 이번 불법 위헌 계엄 선포로 인해 더 나쁜 상황으로 추락하는 게 아니라, 악순환을 끊어 내고 다시 정상 사회로 돌아가는 결정적인 계기가 될 것이다."

국회 앞으로 몇 사람이 모일지도 알 수 없었고, 중도에 잡혀가 영원히 못 돌아올 수도 있는 상황이었지만, 민주주의가 비상계엄을 누르고 승리할 것이라는 믿음이 이재명에게 있었습니다. 결국 그의 말대로 윤석열의 내란 계엄은 두 시간 반만에 해제됐고 끝내 헌법재판소를 통한 대통령 파면으로 일차 단죄됐습니다. 민주주의에 대한 존중, 확신이 승리한 밤이었습니다.

12월 3일 밤, 모든 것이 다 드러났습니다. 공직 선거 출마자쯤 되면 이 정도의 민주주의에 대한 신념과 헌법 가

12.3 비상계엄의 밤 라이브 방송

이재명 라이브

@Wth-q9d

이번 계엄령 이후로 이재명 의원님 정말 다시 보게 되었습니다. 사는 게 바빠 정치에 큰 관심을 갖지 못했습니다. 역사 시험에서만 봐 왔던 계엄령을 겪는 순간 믿을 수도 없었고 공포스러웠습니다. 위급한 상황에서도 국민의 곁을 지켜 주어 감사합니다.

치가 기본적으로 내재되어 있을 것으로 믿으십니까? 더군다나 검사로 30년쯤 생활해 온 사람이라면 당연이 그럴 거라 생각합니까? 아닙니다. 그날 밤 다 드러나지 않았습니까. 더불어 이놈 저놈 누가 집권해도 똑같다고 믿으십니까?

아닙니다. 왜 한쪽이 맡으면 독재를 갈망해 내란을 일으키고, 경제는 망가지고 부패가 왕성할까요? 실력 차이는 분명히 있습니다. 2022년 대선, 윤석열이라는 오답을 선택한 것은 변별력을 지우고 투표했기 때문입니다. 이 역시 12월 3일, 그날 밤 확인됐습니다.

윤석열에게서 후계자로 지목당했고, 윤석열의 계엄이 부당하지 않다는 자가 국민의힘 대선 후보가 됐습니다. 또한 번 오답을 선택할 것인지 세계인은, 또 역사는 우리 민주주의를 주목하고 있습니다.

2

범죄자인가,
정치적 악마화의 희생자인가

서신 2

그럼에도 여전히 이재명을 선택하길 꺼리는 분이 있을 것입니다. 가장 큰 이유는 그에게 덧씌워진 도덕성 시비 탓일 것입니다. 꽤 많은 시간이 지났고, 숱한 해명이 있었고, 설령 억울한 면이 있어도 사과할 부분에 대해 흔쾌히 머리 숙였음에도, 그에게 씌워진 악마화 이미지를 섣불리 지우지 못하는 분들도 있습니다. 이들 악마화는 이재명이 추구한 강경한 정치 색채에 기반합니다. 굳이 갈등을 회피하지 않는 성정으로 보아 모난 성격의 소유자일 것이라는 억측이지요. 그러나 이는 상당수 과장되거나 왜곡된 정보에 기반하고 있습니다. 비판하더라도 전말을 알고 해야 합니다.

우선 '패륜아', '전과 4범', 심지어 '죽음의 그림자'라는 극단적 프레임은 어떻게 형성됐을까요? 하나하나 살펴보겠습니다.

가장 많이 회자되는 2012년 이른바 '형수 욕설' 논란을 보겠습니다. 이재명이 성남 시장이 되고, 고故 이재선 씨가 시장의 형님이라며 온갖 시정에 개입하려 했습니다. 인사는 물론 이권에까지 개입하려 했던 것이죠. 동생인 시장이 형의 이 같은 행태를 막으려 접촉을 끊고 공무원에게도 만나지 말라 지시합니다. 청렴성을 지키기 위한 공익적 의도였지요. 그러자 형은 시 청사까지 찾아와 면담을 요구하며 행패를 부립니다. 뜻을 이루지 못하자 이번엔 어머니에게 찾아가 동생을 설득해 달라며 강요했습니다. 어머니가 자기 말을 듣지 않자 어머니에게마저 폭언과 폭력을 행사합니다. 이를 알고 형수에게 전화하여 항의하는 이재명에게 그들은 오히려 비아냥과 비웃음으로 돌려줍니다. 그러던 와중에 이재명이, 형이 어머니에게 외쳤던 문제의 욕설을 인용해 말합니다. "당신도 이런 이야기 들으면 납득이 되겠냐"는 뜻을 덧붙이면서 말이에요. 이를 녹음한 형수가 이재명의 정치적 반대자에게 그 파일을 뿌렸습니다. 앞뒤 맥락을 거세한 채 말입니다. 훗날 이재명은 경위야 어찌됐든 욕설에 대해 잘못된 일이라며 사과했습니다.

이재명 죽이기의 실상

'검사 사칭' 건은 지금도 논란거리입니다. 2002년 변호사 이재명은 KBS '추적 60분'의 최철호 PD와 함께 성남시 백궁 정자 지구 특혜 분양 의혹을 취재하며, 당시 성남 시장 김병량과의 통화를 유도하기 위해 검사 사칭에 가담한 혐의로 기소되었습니다. 법원은 이재명에게 공무원 자격 사칭죄와 무고죄를 적용해 벌금 150만 원을 선고했습니다. 이재명은 검사 사칭은 자신이 한 것이 아니라는 점을 일관되게 주장해 오고 있습니다. 이러한 대법원 판단에 대해 잘못됐다고 말한 것을 두고 이재명은 재차 기소됐지만 2020년 7월, 무죄로 확정됐습니다.

나라 밖에서는 이같은 신분 위장을 언더커버 취재_{undercover journalism}로 명명하며 합법적 취재 방식으로 인정합니다. 기자가 자신의 신원을 감추고 비밀리에 잠입하여 정보를 수집하고 사건, 부패, 비리 등을 폭로하는 조사 보도 방식은 일면 논란거리이긴 하지만, 공익을 위해 숨겨진 진실을 드러내는 데 목적이 있습니다. 권력형 비리를 규명하기 위한 불가피한 수단입니다. 결코 부당한 이익을 취할 목적의 '사칭'과 같을 수 없습니다.

'김부선 스캔들'은 이제는 뭇사람들의 실소를 금치 못하게 만드는 악마화의 대표적 사례입니다. 배우 김부선은 성남 시장 시절부터 이재명과 연인 관계였으며 부적절한 관계가 있었다고 주장했습니다. 이 주장은 보수 진영과 일부 언론에 의해 스캔들로 과장되며 이재명의 도덕성을 공격하는 데 활용되었습니다. 이재명은 김부선과의 연인 관계를 전면 부인하며, 정치적 공세를 위한 '가짜 뉴스'라고 반박했습니다. 그러던 중 뜻밖의 사건이 터집니다. 김부선이 소설가 공지영과 나눈 대화에서 이재명의 신체 중요 부위에 점이 있다는 말이 공개된 것입니다. 이재명은 아주대 병원에서 스스로 신청한 신체검사를 통해 점이 없으며 떼어낸 흔적조차 없음을 확인했습니다. 김부선의 거짓말이 의학적 검증으로 드러난 것이죠. 그럼에도 김부선은 물론, 경기 도지사 선거 사흘 전 보도했던 KBS 등 언론사 어느 한 곳 사과한 데 없었으니 그들의 목적은 명징해 보였습니다.

친형 강제 입원 논란은 또 어떤가요? 지자체장에게 심각한 정신 질환자를 강제 입원시킬 권한이 있긴 합니다. 〈정신건강증진 및 정신질환자 복지서비스 지원에 관한 법률〉(정신건강복지법) 제44조에 따르면, 지자체장은 특정 조건하에 정신 질환자를 정신 의료 기관에 입원시킬 수 있습니다. 이재명은 이 사안과 관련해 성남 시장 시절, 친형 이재선 씨를 정신병원에 강제 입원시키려 했다는 설에 휘말렸습니다. 실행에 옮겼더라도 죄가 없었던 것이지요. 그러나 실상은 형의 시정 개입, 폭언 등 이상 행동을 이유로 가족이 입원을 권유했고 정신과 진단을 의뢰했지만, 강제 입원은 실행되지 않았다는 것입니다. 그럼에도 가족 간의 사적 갈등을 공적 권력 남용으로 확대 해석해 이재명을 비정한 인물로 묘사하는 일은 여전합니다.

상식을 뛰어넘는 악마 만들기

주변 인물의 사망을 두고 제기되는 이재명 책임론도 진상은 이러합니다. 이재명의 경기 도지사 시절 비서실장 전형수, 성남도시개발공사 김문기 처장 등 주변 인물 5명이 검찰 수사 과정에서 극단적 선택을 했습니다. 보수 진영과 이른바 민주당 비명계는 이를 이재명의 사법 리스크와 연관 지으며, 이재명이 '도덕적 책임'을 져야 한다고 비판했습니다. 일부는 이재명을 '죽음의 그림자'로 묘사하며 악마화하기에 이르렀습니다. 그러나 상식적으로 이재명에게

불리한 진술을 하라는 검찰의 압박 차원에서 벌어진 일인데 그 책임을 이재명에게 묻는 것은 과도합니다. 전형수 전비서실장, 김문기 전 처장 등 5명이 대장동·성남FC 관련 수사 과정에서 사망한 것은 사실이지만, 유서에서 이들은 검찰 수사의 압박을 언급하며 억울함을 호소했습니다.

정규재 주필이 이야기했듯, 박근혜 특검 당시, 윤석열 등 검찰의 강압적 수사에 압박을 느껴 극단적 선택을 했던 사례들은 다 무엇을 말하고 있는 걸까요? 그동안 자행되어 왔던 검찰 수사 관행에 문제가 있었음을 이미 많은 역사적 사례들이 증명하고 있지 않습니까?

정치적 악마화는 특정 인물을 단순한 정치적 경쟁자가 아닌, 사회적 해악이나 절대악으로 묘사해 공적·사적 영역에서 철저히 배제하려는 전략입니다. 이러한 행위는 정치적 반대자를 정당한 경쟁자로 인정하지 않고, 오로지 제거해야 할 대상으로 보는 태도를 반영합니다. 12·3 비상계엄으로 이재명을 제거하려던 윤석열 정권은 검찰을 통해 12개 혐의 5개의 재판으로 사법적 제거 시도에 나섰고, 그 이전에 이미 이재명 본인과 주변 지인 및 가족들에 대한 수사에 더해 피의 사실 공표·수사기소로써 궁지에 몰려 했습니다. 아무리 열심히 소명해도 쉬 가시지 않습니다. 악마화가 소문에 그치지 않아 검경 수사로까지 이어집니다. 논란은 장기화되고요. 그렇게 해서 무죄 또는 무혐의로 확정되더라도 진실은 온데간데없게 됩니다. 대중들에게는 부정적 이미지만 깊이 각인되지요. 이게 건강한 공론의 장의 모습일까요?

한 사람 악마화에 동조하기에 앞서 근거 없는 마타도어를 경계하는 시민적 지혜가 모아져야 할 텐데 안타까운 현실입니다. 이런 마타도어와 그런 환경을 만드는 정치·사법 시스템을 이제는 혁파해야 하지 않겠습니까? 거기에 이르는 가장 확실한 길이 그러한 시스템의 최대 희생양, 이재명의 대통령 당선이 아닐는지요? "거짓으로 선동해 봐야 소용없다"는 교훈의 종지부로 이보다 더 확고한 경고와 조치가 어디 있겠습니까?

3

막살아 온 인생?
밑바닥 고통을 헤아려 온
인생이다

민주주의의 핵심은 모든 시민이 평등하게 정치에 참여할 권리를 갖는 데 있습니다. 출신, 학벌, 직업, 재산, 성별, 종교, 나이와 관계없이 누구나 동등하게 권리를 행사하고, 사회를 이끌 리더를 선택하며, 때로는 직접 나설 수도 있어야 합니다. 그런데 현실은 그렇지 않습니다. 엘리트 중심으로 인재 풀이 정해지고, 그럴듯한 학력의 소유자끼리 공천하며, 이로 인해 일반 시민들의 정치 진입의 문은 사실상 닫혀 버린 상황입니다. 이는 헌법이 보장하는 '기회의 평등'을 무너뜨리는 것이며, 결국 소수 기득권만을 위한 정치, 그들만의 민주주의로 변질되어 버렸습니다.

저는 경기도 용인의 강남대학교를 나왔습니다. 2012년 우여곡절 끝에 19대 국회의원 선거에서 민주당 후보가 됐고, 1, 2위를 오가는 경쟁을 벌이고 있었습니다. 어느

날, 출마한 지역구의 한 교회 새벽 예배에 참석해 입구에서 명함을 나눠주는데, 자신을 ○○대 출신이라 밝힌 한 남자가 저에게 "강남대 나와 무슨 국회의원을 하느냐"고 말했습니다. 그가 실제로 ○○대 출신인지 확인할 길은 없었지만, 그런 인식을 거리낌 없이 목구멍 밖으로 내뱉는 것을 보며 엘리트주의의 부끄러움을 모르는 오만이 얼마나 넓게 퍼져 있는지 실감할 수 있었습니다.

엘리트 카르텔의 이면

이 구조가 작동하는 방식은 정당이 선거 후보를 정할 때 뚜렷하게 드러납니다. 정치 명문가, 법조인, 고위 관료 출신을 선호하고, 신인이나 서민 출신은 애초에 공천조차 받기 어려운 현실. 고비용·고스펙 정치 구조가 바로 그것입니다. 저 역시 '나는 꼼수다'라는 팟캐스트로 이름을 알리지 못했다면 공천 심사에서 1차도 통과하지 못했을 것입니다. 결국 누구나 알만한 명문대, 고위직 출신이어야 '정치할 만한 사람'으로 인식되는 게 현실입니다. 이 카르텔은 서민 출신 정치인에겐 거친 언사 한 번으로도 "막되었다" 낙인찍지만, 카르텔 내부인 실수에는 '인간적', '서민적' 면모라며 관대하게 넘어가는 이중 잣대를 고집합니다. 엘리트 정치란 결국 일부 특권층만의 정책과 구조를 지키고 유지하며, 나머지 시민들의 정치 참여 가능성을 의도적으로 가로막는 장치입니다.

엘리트가 지배하는 정치는 우리 사회의 다양한 계층과 삶의 목소리가 정치에 제대로 반영되지 못하게 만들고, 그들 외의 사람들은 아무리 노력해도 정치·권력 중심부로 진입할 길을 막아 버립니다. 그러니 정책의 방향은 실제 민생이 아니라는 기득권층의 이익에 집중되고, 이로 인해 시민들을 점점 정치에서 멀어지게 만들어 정치 혐오와 불신을 더 키웁니다. 이번에 있었던 대법원의 사법 쿠데타 역시 결국 이재명이 대통령이 되는 것을 막겠다는 심산에 뿌리를 두고 있는 것이죠.

이재명이란 이름 앞에는 언제나 따라붙는 평가가 있습니다. "막살아온 인생." 누군가 이재명 스스로 이렇게 말했다 하는데 그 근거를 찾을 수는 없었습니다. 그럼에도 그의 삶을 이렇게 단정짓는 이들이 적지 않습니다. 그런데 저는 묻고 싶습니다. 과연 우리가 그의 삶을 그렇게 쉽게, 단순하게 낙인찍어도 괜찮은 것인지 말입니다.

이재명은 가난한 집안의 7남매 중 다섯째로 태어나 중·고등학교에 다닐 기회를 얻지 못하고 어린 나이부터 공장에서 일하며 생활비를 벌어야 했습니다. 그 와중에 팔까지 기계에 끼어 다쳤습니다. 그럼에도 그는 포기하지 않고 독학으로 중학교와 고등학교를 검정고시로 통과했습니다. 매우 우수한 학력고사 성적 덕에 4년 장학금과 생활비를 보장해 주기로 제안한 중앙대 법대에 진학해 졸업하는 해에 사법시험에 합격해 변호사가 됐습니다. 이후 그는 노동운동가로, 시민 운동가로 살아 왔습니다. 물론 그 과정에서 거칠었던 언행으로 논란이 일었던 것도 사실입니다. 특히 성남 시정을 맡던 시절, 이권에 개입하려 했던 가족과의 갈등 속에서 스스로도 조증 치료를 권유받았다 고백할 만큼 힘들었던 형과의 관계에서 빚어진 일들을 두고 "막살았다"는 낙인찍기를 당해 왔습니다. 이러한 낙인찍기는 어쩌면 "가난하게 태어난 사람은 점잖고 매끈하지 않았을 터이므로 정치할 자격이 없다"는 편견을 여실히 드러내는 것은 아닌지 생각해 봅니다.

이재명에 대한 비판, 그중 상당수는 그의 정책이나 비전보다 '출신'과 '과거'를 문제 삼습니다. 형수에게 했다는 욕설, 충분히 설명 가능하고 이미 해명하고 사과한 젊은 시절의 위법 행위, 그리고 처음부터 끝까지 거짓으로 드러난 갖가지 스캔들 의혹들, 이 모든 것이 과연 이재명이라는 사람의 전부를 드러내는 것일까요? 그가 성남 시장과 경기도지사로서 남긴 정책 성과와 행정 개혁은 왜 깡그리 외면하는 것인지, 우리 정치판에서 사람을 평가하는 기준이 정말 공정한지 돌아볼 필요가 있습니다.

선입견과 편견을 깨부수고

우리 정치가 오랫동안 '엘리트 중심'으로 굴러 온 현실을 누가 쉽게 부정할 수 있겠습니까. 정치, 경제, 사회 전반의 주요 의사 결정과 권력을 특정 소수 상류층이 독점하며, 그들만이 사회를 이끌 '자격'이 있다고 믿는 관행과 사고방식이 지금까지 유지되어 왔습니다. SKY 출신, 법조계, 고위 관료, 대기업, 재벌 2·3세, 정치 명문가나 검사, 고위 공직자 출신 인사들이 정치의 중심을 차지해 왔습니다. 반면, 거친 삶을 살았거나 평범한 출신의 사람들은 늘 '막된 인생'이라는 낙인찍기를 통해 정치판 중심으로의 진입을 힘들게 만들어 왔습니다. 다양한 삶의 경험과 배경을 지닌 이들이 공존하는 정치는 여전히 낯선 풍경입니다.

　김대중, 노무현 대통령도 정치 입문 초기엔 "출신이 미천하다", "말이 거칠다"며 똑같이 비난받은 바 있습니다. 그러나 결국 그들은 우리 사회의 편견을 깨고 새로운 시대를 열지 않았습니까. 그렇다면 이재명은 과연 일부 사람들이 가진 선입견대로 나라를 엉망으로 만들까요? 선한 행정가로서의 지난 성과와 이력이 오로지 대통령 당선을 위한 고도의 눈속임에 불과했다고 어느 누가 함부로 규정할 수 있습니까? 그의 삶을 막된 인생이라며 인격을 모독하고, 출신을 문제 삼는 식이라면, 그것은 비판이 아니라 이른바 엘리트들이 만들어 놓은 악마화 프레임에 불과합니다.

　정치인의 행위와 정책에 대한 비판은 마땅히 행해져야 하지만, 정치인 자체에 대한 이러한 악마화에 우리 시민들이 결코 놀아날 수는 없습니다. 더구나 그것이 정책이나 비전에 대한 정당한 비판이 아니라 계층적 편견에 기대어 있다면, 그것은 우리 정치의 진정한 혁신을 가로막는 또 하나의 장벽일 뿐입니다. 가난하고 거친 삶을 살아온 이들은 세상을 바꾸겠다며 정치를 꿈꿔선 안 된다는 것일까요. 그렇다면 박정희도, 이명박도 역사에 등장하지 못했을 것입니다.

꼭 이재명이 아니더라도 정치의 문턱을 낮추고, 다양한 삶의 결을 지닌 사람들이 함께 정치할 수 있는 나라를 만들기 위해, 우리는 지금이라도 우리의 선입견과 편견을 내려놓아야 합니다. 이재명의 대통령 당선은 그러한 평등 세상을 앞당기는 기폭제가 될 거라 자신합니다.

4

포퓰리즘?
실천 가능한 것만
약속하고 이행한다

많은 분들이 이재명에 대해 '포퓰리스트'라 비판합니다. 기본 소득, 청년 수당, 반검찰 개혁, 반재벌 정책 등 그의 주요 공약과 메시지가 대중의 감정을 자극하고, 단순한 구호로 복잡한 문제를 해결하려 한다는 비판이지요. 그런데 과연 이 '포퓰리즘'이라는 말, 우리는 제대로 이해하고 있을까요?

정치학에서 '포퓰리즘'의 핵심은 "대중을 선하고 순수한 존재로, 엘리트와 기득권을 부패하고 타락한 세력으로 이분화하여 대중의 지지를 얻으려는 정치 전략"이라고 정의합니다. 여기에는 복잡한 문제를 단순화하고, 대중의 불만을 정치적 동력으로 전환하는 수사修辭가 포함됩니다. 포퓰리즘은 그 자체로 긍정도 부정도 아닙니다. 좌파 포퓰리즘도, 우파 포퓰리즘도 존재하며, 어느 쪽이건 민주주의를 강화할 수도, 해칠 수도 있죠. 문제는 어떤 가치와 목적을 위해 어떻게 활용되느냐에 달려 있습니다. 그런데 한국에서는 '포퓰리즘'이 거의 무책임한 공약이나 대중 선동의 동의어처럼 쓰이고 있습니다. 특히 재정 부담이 예상되는 복지 정책이나 기존 권력 구조를 비판하는 수사(修辭)에 대해 보수 진영에서 '포퓰리즘'이라 매도하는 일이 잦습니다.

그렇다면, 과연 이재명의 정책과 정치 스타일이 학문적 정의에 부합하는 '포퓰리즘'인지, 그리고 그것이 비판받아야 할 성격인지 따져 볼 필요가 있습니다. 이재명은 기본 소득, 부유세, 지역 화폐, 반검찰 개혁 등의 공약과 대중적 수사(修辭)로 인해 '포퓰리스트'라고 비판받아 왔습니다. 예컨대 기본 소득을 두고는 "퍼주기 복지"라고 비난하는가 하면, 기득권 혁파에 대해서는 "국민 갈라치기", SNS와 유튜브를 통한 대중과의 소통을 "감정적 선동"으로 매도합니다. 문재인 정부 또한 최저 임금 인상, 비정규직 정규직화, 소득 주도 성장으로 같은 비판에 직면했었습니다. 김대중·노무현 정부의 복지·균형 발전 정책도 그 시절엔 '포퓰리즘'이라 비난받았습니다. 그러나 이들 모두 우리가 현재 누리는 복지 국가의 토대가 됐습니다. 다시 말해, 당대의 개혁 정책은 언제나 '포퓰리즘'이라는 낙인을 감수해야 했지만, 결국 사회적 불평등 해소와 민주주의 확장으로 재평가되어 왔습니다.

정치 효능감 제대로 회복하기

이재명의 핵심 공약인 보편 복지는 모든 시민의 생존권과 사회권을 지키기 위한 최소한의 장치입니다. 스웨덴, 핀란드 등 복지 국가에선 오히려 이를 통해 경제 활성화와 사회 통합을 달성해 왔죠. 그런데 한국에선 재정 부담이 크다, 퍼주기 복지다, 대중 영합이다, 이런 논리로 비난받기 일쑤입니다. 그런데 한국의 복지 지출의 현실은 어떨까요? OECD 평균에도 못 미칩니다. GDP 대비 12.2%로 OECD 평균(20%)을 크게 밑돕니다. 저출생, 불평등 위기를 감안하면 보편 복지 확대는 선택이 아닌 필수 과제입니다. 세금과 이전 소득(생계 급여, 의료 급여, 주거 급여 등 사회 보장 급여)을 제외한, 개인이 자유롭게 사용할 수 있는 금액을 의미하는 가처분소득은 어떻습니까? 2023년 기준, 대한민국의 1인당 평균 가처분소득은 연간 약 2만 4,590달러로, OECD 평균 3만 490달러보다 낮은 수준입니다. 이렇게 OECD 대비 우리 복지 수준의 열악함을 부정하는 분은 없을 겁니다.

결국 포퓰리즘 여부는 복지 재원을 조달할 구체적인 대안을 갖고 있는지 여부에 달렸을 것입니다.

20대 대선 기준, 이재명은 부유세, 탄소세, 국토 보유세 같은 재원 조달 방안을 제시했습니다. 부유세는 고액 자산가나 고소득층에게 부과하는 세금으로 상위 1~2%의 고액 자산가에게 부유세를 부과하는 것인데요, 이를 통해 연간 약 10조~20조 원의 세수가 확보될 것으로 예상됩니다. 탄소세는 탄소 배출량에 비례해 기업이나 개인에게 부과하는 세금입니다. 주로 에너지, 제조업 등 고탄소 배출 산업 부문에서 탄소 배출량 1톤당 3만~5만 원의 일정액을 부과하여 연간 30조~64조 원 수준의 세수가 기대됩니다. 국토 보유세 또한 일종의 부유세로 모든 토지를 대상으로 소유자별로 합산 과세하여 연간 약 50조 원의 세수가 예상됩니다. 그 밖에 세출 절감, 우선순위 조정 등의 재정 구조 개혁으로 조세 감면을 축소해 연간 60조 원 규모의 이득을 남기고, 세원 관리 강화 등을 통해 추가로 25조 원 이상을 확보할 계획도 세웠습니다. 이러한 정책은 성남 시장과 경기도지사 재직 시 철저한 관리와 우선순위 조정을 통해 이미 그 성과를 뚜렷이 내 보인 적 있습니다. 성남 시장 재직 시 부자 체납자를 이 잡듯 잡아낸 이력이 있는 이재명이었습니다. 재원 확보 없는 복지는 허언에 불과함을 이재명은 잘 압니다.

　이재명의 정치 스타일은 정치 효능감을 회복하는 데 있습니다. 정치 효능감이란, "나의 정치 참여가 사회를 바꿀 수 있다"는 믿음일 텐데요. 한국은 정치 불신이 극심한 나라입니다. 하지만 이재명은 여러 경로를 통해 시민과 직접 소통하고, 검찰-재벌-언론 기득권에 맞서겠다고 외치며 무기력한 시민들에게 목소리를 내게 했습니다. 시시비비 없는 '감정적 선동'이라는 매도는 시민 정치 참여를 억누르려는 기득권 세력의 태도로 볼 수밖에 없습니다.

　결론적으로, 이재명과 진보 정치인들의 보편 복지와 대중 정치 소통은 결단코 포퓰리즘이라 비난받을 일이 아닙니다. 오히려 양극화, 불평등, 정치 불신에 대응하려는 의지와 양심의 발로입니다. 포퓰리즘 비판이 건설적 논의를 차단하고 기득권 질서를 보호하는 수단으로 쓰인다면, 결국 시민 정치 참여를 위축시켜 엘리트 중심 정치만 강화될 뿐입니다.

5

극좌 정치인?
보수 논객도 변론한,
대한민국 바로 세우기

이재명이 집권하면 보수 세력에 대한 탄압이나 제거에 나설 것이라 우려하는 이들이 있습니다. 이러한 염려가 보수 성향 조희대 대법원장이 이끄는 사법부가 대선이 임박한 시점에 '이재명 죽이기'에 사활을 걸었던 이유일지도 모릅니다.

물론 한국 정치가 양극화되어 진영 간 갈등이 치킨 게임 수준으로 치닫고 있긴 합니다. 윤석열 정권의 하수인들은 숨 돌릴 틈 없이 이재명 제거에 나서고 있고요. 이 모든 불안의 근원에는 결국 "이재명이 보복할 것"이라는 막연한 두려움, 공포가 자리하고 있습니다. 이재명의 성정과 정치 스타일을 제대로 이해한다면 이는 과한 억측임을 알 수 있습니다.

분명히 짚고 넘어가야 할 사실이 있습니다. 대한민국 보수의 몰락은 이재명 때문이 아니었습니다. 윤석열과 그의 가짜 보수 세력이 자초한 일이었습니다. 민주공화국 헌법을 무너뜨리고 비상계엄을 획책하여, 국민을 위협하고 법치를 짓밟은 자가 바로 윤석열입니다. 결국 헌법재판소가 그의 행위를 "헌정 질서를 중대하게 위협한 내란 행위"로 규정하고 2025년 4월 4일, 마침내 대통령직을 파면하지 않았습니까. 그럼에도 국민의힘은 끝까지 윤석열을 감싸며 보수의 가치를 스스로 배신했습니다.

합리적 보수라면 지켜야 할 민주주의, 법치, 시장 자유의 가치를 그들 스스로 내던졌습니다. 전광훈류의 극우 팬덤에 의존하고, 부정 선거 음모론에 휘둘리며, 상식적이고 책임 있는 보수의 얼굴을 모두 지워 버렸습니다. 결국 계엄을 옹호한 김문수를 당의 대선 후보로 내세우기에 이르렀습니다. 조갑제 전 〈월간 조선〉 대표, 정규재 전 〈한국 경제신문〉 주필 같은 원로 보수 논객조차 이 상황을 개탄해 마지않았습니다.

반면 이재명은 권력을 잡더라도 진영 보복 정치를 하지 않겠다고 여러 차례 밝혀 왔습니다. 실제로 야권 시절에도 상대 진영의 정책일지언정 국민에게 도움이 된다면 적극 협력하는 '실용의 정치인'이었습니다. 대선 국면에서도 이재명은 보수의 목소리에 귀 기울이고, 탈이념·탕평 인사를 통해 국민 통합의 정치를 실현하겠다고 약속했습니다. 정권을 잡아 보수를 억누르거나 지우겠다는 정치인이 아닙니다. 오히려 극단과 광기를 걷어 내고, 합리적 보수와 진보가 함께하는 나라를 만들겠다는 신념의 소유자입니다. 실제로 이명박 정부 시절 법제처장이었던 이석연과 국민의힘 전신 한나라당의 권오을 전 사무총장을 선대위에 영입하지 않았습니까.

보수의 진짜 적은 누구인가?

이재명의 정치 노선은 '따뜻한 보수'에 가깝습니다. 시장경제의 중요성과 체제 안정, 법치주의를 분명히 인정하며, 코스피 5,000, 국민 소득 5만 달러라는 비전을 통해 시장 친화적 경제 정책을 강조하고 있습니다. 정규재 전 주필이 "시장이 무너지는 것을 두고 볼 수 없어 이재명을 지지한다"고 밝힌 이유가 바로 여기에 있습니다.

물론 이재명은 '내란 세력'에 대해서는 반드시 청산하겠다고 밝혔습니다. 그러나 이것이 '보수 죽이기'는 아닙니다. 윤석열과 국민의힘이 극우 선동과 권력 탐욕으로 보수

의 집을 허물었다면, 이
제 합리적 보수는 이재
명과 함께 대한민국 정
치를 다시 세워야 할 때
입니다. 그러니 이제 우
리 보수 유권자들도 이
재명을 진영 대결에 따
른 선입견에서 벗어나
대한민국 정치를 새롭게
세울 실력과 의지를 지

정규재의 눈물

정규재 TV

@무지개-m7f

저도 보수였는데 이재명을 알고부터 지지합니다. 이재명이 진짜 보수입니다. 오직 국민과 나라만 생각하는 바보더군요. 물론 성남지사, 경기도지사 재임 시 공약 이행률 96%예요. 정말 믿고 대한민국 맡기고 싶습니다.

닌 정치인으로 평가해 주셨으면 합니다.

　　보수의 적은 이재명이 아닙니다. 보수를 망친 가짜 보수와 권력형 사기 정치가 진짜 적이었습니다. 우리는 그들 가짜 보수들이 무너뜨린 폐허 위에 상식과 헌법, 시장경제를 존중하는 새로운 보수의 기둥을 이재명과 함께 세워야 합니다. 이 지점에서, 상대를 존중하며 상생하려는 이재명의 철학을 다시 살펴볼 필요가 있습니다.

　　첫째, 이재명은 민주주의와 법치주의를 철저히 존중하는 정치인입니다. 성남 시장과 경기 도지사 재임 시절, 그는 투명한 행정과 법에 따른 공정한 집행으로 시민의 신뢰를 얻었습니다. 특히 성남시의 체납 세금 징수 과정에서 부유층에 대한 조치도 예외 없이 엄중했습니다. 이는 법적 절차에 따른 공정한 조치였을 뿐, 누구도 특정 정치 세력을 겨냥한 보복이나 탄압의 사례로 인정하지 않습니다. 오히려 다양한 시민의 목소리를 경청하며 포용적 리더십을 실천했습니다.

둘째, 이재명의 정책은 특정 계층이나 이념을 배제하지 않습니다. 그의 핵심 공약인 기본 소득, 부유세, 국토 보유세는 사회적 불평등을 해소하고 모든 국민의 삶을 개선하겠다는 보편적 복지 비전에서 비롯된 것입니다. 유럽에서는 이러한 정책들이 오히려 시장 친화적 보수적 정책으로 분류됩니다.

예컨대 국토 보유세는 토지 소유에 따른 불로소득을 공공으로 환수해 전 국민에게 배당하는 구조로, 90~95%의 국민이 순혜택을 볼 수 있을 것으로 예상됩니다. 이는 보수건 진보건 상관없이 시민 모두의 경제적 안정을 도모하는 정책입니다. 탄소세 역시 환경과 경제의 균형을 꾀하며, 산업계와 협력해 지속 가능한 성장을 추구하겠다는 정책입니다. 국가의 역할을 강조한다고 무조건 진보로 치부할 일은 아닙니다.

셋째, 이재명은 국민 통합과 화합을 강조해 왔습니다. SNS와 현장 소통을 통해 다양한 계층의 국민과 직접 대화하며 정치 효능감을 높였고, 특정 세력을 배제하거나 갈등을 조장하지 않고 시민 모두가 정치에 참여하고 목소리를 낼 수 있는 민주주의를 구현하려 애썼습니다. 그가 주장하는 검찰·재벌·언론 개혁도 기득권의 부패를 견제하고 공정한 사회를 만들기 위한 것이지, 보수 세력 전체를 적대시하기 위한 것은 아닙니다.

정치적 갈등이 격화된 지금, 상대 진영에 대한 두려움은 자연스러운 감정일 수 있습니다. 그러나 이재명이 집권한다고 보수 세력이 탄압받거나 제거될 것이라는 우려와 공포는, 그의 정치 철학과 그간의 행보에 비춰 보면 전혀 근거 없는 감정입니다. 그는 '공정과 상식이 통하는 나라'를 목표로 하며, 이는 보수와 진보를 아우를 수 있는 가치입니다. 이재명 스스로도 말한 바 있습니다.

"사람들이 제가 진보라고 하지만, 사실 자세히 보면 진보가 아닙니다. 저는 매우 보수적인 사람입니다. 규칙을 지키자, 상식을 회복하자, 균형을 갖자, 공정하게 하자는 게 무슨 진보의 가치입니까? 이건 당연한 사회적 원

리입니다. 정상을 회복하고 법을 지키며, 콩 심은 데 콩 나는 세상을 만들자는 것이 기본이고 당연한 원칙입니다. 이를 지키자는 사람이 원래 보수입니다. 진짜 진보는 새로운 길을 찾는 사람이니까요. 어쩌면 이번 계엄과 내란 사태를 국민들이 이겨 내며, 보수와 진보의 가치를 다시 평가하는 상황이 온 것입니다. 이제 정상적인 보수를 재건해야 합니다."

이제는 상식과 원칙, 그리고 헌법을 존중하는 보수와 실용주의 정치인 이재명이 더불어 진짜 대한민국의 새로운 길을 모색할 때입니다.

6

민주당은 언제나 거기서 거기?
전혀 다를 이재명 시대!

서	신	6							

선거란 무엇이겠습니까. 먼 타국에서 하루를 꼬박 달려가서라도 투표소를 찾는 분들이 계십니다. '나 하나쯤이야' 하는 생각을 품지 않는, 참으로 숭고한 유권자들이지요. 반면 어떤 분들은 '나라야 어찌 되든 아무개당만 찍는다'며 투표를 신앙처럼 여기는 경우도 있습니다. 또 누군가는 벽보만 보고 '누가 더 잘생겼나' 가늠하고 투표합니다. '설마 그런 사람이 얼마나 되겠나' 하시겠지만, 실제로 적지 않습니다. 또 어떤 분들은 '그놈이 그놈이지, 투표해서 뭐하나' 하며 참여를 꺼립니다. 민주공화국에 살면서 민주주의를 귀찮아하는 분들이지요. 선거 때마다 20~30% 나오는 투표 불참층이 바로 그들일 것입니다.

저는 2022년 3월 9일 치러진 제20대 대통령 선거에서 당선된 윤석열이라는 사람이 국민을 상대로 계엄을 선포하여 헌법을 파괴하고 국회를 장악하며, '영현백' 개수로 짐작

건대 최대 1만 명 학살 계획을 세우고, 주요 시설을 폭파하며 결국 전쟁까지 유발하려 했다는 사실을 미리 알았다면, 그처럼 0.73%P의 신승을 거둘 수는 없었으리라 믿습니다. 그럼에도 각종 여론조사 결과, 유권자 1/3가량이 헌법재판소에 의해 파면된 내란 수괴 윤석열을 대통령으로 배출했으며, 그 내란 행위에 어떠한 조치도 취하지 않았으며, 값싼 사과마저 회피하는 행태를 이어 가는 그 당에 여전히 호감을 갖고 있다는 사실이 오히려 충격적입니다. 그나마 그 수가 이처럼 소수로 쪼그라든 것이나마 다행이라 여겨야 할까요.

과거의 한계를 넘어 새로운 이정표 세우기

이 지점에서 우리는 10년도 아닌 불과 5년 전으로 돌아가야 합니다. 2020년 4월, 21대 총선에서 위성 정당을 포함해 180석이라는 압도적 승리를 거뒀던 문재인 대통령과 더불어민주당이 어쩌다 1년 뒤 서울·부산 시장 보궐 선거에서 참패하고, 이듬해 대선과 지방선거마저 잇달아 패배했는지 그 과정을 살펴볼 필요가 있습니다. 그 사이 도대체 국민의힘이 어떤 매력을 보여 주었기에 2년간 승승장구할 수 있었던 걸까요. 정답은 '민주당 심판'이라는 민심의 단호한 의지에 있었습니다. 만약 민주당이 집권 당시 국민들에게 약속한 개혁 성과를 제대로 보였다면, 지옥 같은 윤석열 정권 3년은 막을 수 있었을 것입니다.

대통령 선거를 한 달도 채 남기지 않은 지금, 각종 여론조사에서 6월 3일 민주당 후보의 당선 가능성이 높게 나타나고 있습니다. 하지만 확실한 승리를 위해선 문재인 정부가 놓친 지점이 무엇이었는지, 정권을 되찾은 뒤 과거와 어떻게 확실히 결별할 것인지 깊이 성찰하고 명확한 해답을 제시해야 합니다. 현재의 민주당 우위 구도가 윤석열이 만들어 놓은 보수 정치에 대한 혐오감에서 비롯됐지만, 그렇다고 '문재인 정권 시즌 2'를 희구한다고 볼 수는 없기 때문입니다. 민주당 지지층에서조차 말입니다.

문재인은 온화하고 신중한 성격으로 알려져 있습니다. 유신 시절 학생 운동과 인권 변호사 시절의 경험은 강한 도덕적 의무감과 원칙주의를 심어 주었습니다. 그러나 동시에 겁이 많다는 특성도 분명해 보입니다. 정치심리학에서는 이러한 유형의 리더십을 '회피형 리더십'이라 부릅니다. 강력한 기득권 개혁이나 급진적 조치를 회피하는 성

차마 애써 외면하려 하기 전에: 지금, 이재명이 필요합니다

향이지요.

많은 유권자들이 문재인 대통령이 (혁명까지는 아니더라도)치밀하고 강력한 개혁을 단행하리라 기대하며 "우리 이니, 하고 싶은 거 다 해!" 하며 응원했지만, 손에 피를 묻혀야 하는 개혁은 정작 회피했습니다. 그리고 자신을 대통령으로 만들어 준 국민의 뜻을 이행해야 한다는 의무감은 있어, 대신 그 일을 맡길 인물로 '깡패 검사' 윤석열과 손을 잡는 어처구니없는 선택을 했습니다.

문재인 대통령의 한계는 걸림돌 앞에서 멈춰 버린다는 점입니다. 윤석열이 반개혁 세력의 핵심이라는 사실을 감지했을 때는 이미 그를 검찰총장에 임명한 뒤였고, 대통령은 "검찰총장 임기를 보장한다"는 자신의 말에 발목 잡혀 버렸습니다. 자신이 인사권을 행사한 법무부 장관들이 연달아 정치적 테러를 당하고, 청와대가 압수수색마저 당하는가 하면 핵심 인사들이 줄줄이 기소되는 상황에서도, 심지어 정권의 심장부까지 흔들리는 상황에서도 문재인은 '눈만 껌뻑껌뻑'했습니다. 검찰 개혁은 그렇게 좌초됐습니다. 언론 개혁, 한반도 평화, 세월호 참사 진상 규명 역시 마찬가지였습니다. 부동산, 민생 등은 이해가 얽힌 관료들에게 사실상 떠넘기다시피 했습니다. 정권 초반 '이문덕'(이게 다

문재인 덕분)이라는 말이 나올 정도였지만, 정작 그 덕을 본 국민은 없었습니다. 제 평가가 너무 야박하다 하신다면, 대통령이 이미지 메이킹에는 능했음을 인정하겠습니다.

물론 제가 박하게 평가하는 이런 문제들조차 내란범 윤석열의 과오에 비하면 아무것도 아닐 수 있습니다. 그렇다고 해서 우리가 회복해야 할 국가 리더십의 모델이 문재인 정부일 수는 없습니다. 문재인 정부는 집권 기간 내내 '강한 도덕적 우월감'을 무기로 삼았고, 시간이 갈수록 그것은 자기 정당화 심리로 작용하여 성찰 능력을 상실하게 만들었습니다. 민주당 내 친문 정치인들이 총선 공천에서 탈락 위기에 처하자, 순교자 행세를 하는 모습에서 이런 정서를 읽으신 국민들도 적지 않았을 겁니다. 여론조사에서도 이런 정서 변화는 확인됩니다. 퇴임 당시 42%의 지지율로 임기를 마친 문재인은 2년 연속 전직 대통령 선호도 조사에서 큰 낙폭을 기록하며 김대중 전 대통령에게 3위 자리를 내 주었습니다.

실패는 한 번으로 족하다

권력은 필연적으로 부패하게 되어 있습니다. 그래서

정권을 얻는 것만큼이나 권력의 누수 없이 잘 마무리하는 일도 중요합니다. 개혁을 주장하던 인사들도 장기 집권 구도 속에선 자신들이 만든 권력의 수혜자가 됩니다. 고위직 인사, 공기업 자리, 정책 결정권 등은 점차 기득권의 장으로 변질되기 마련입니다.

공정과 정의를 외치던 인사들이 결국 본인과 가족 문제에서 특권을 누리는 모습을 국민이 목격했고, 그에 따라 정치권에 대한 불신과 혐오가 커졌습니다. 문재인 정부는 이를 간과했고, 결국 정치적 동력을 상실했으며 정권 교체의 빌미를 제공했습니다. 성찰 능력마저 상실한 상황에서 국민의 분노는 더 깊어질 수밖에 없었습니다.

이 지점에서 이른바 '조국 사태'를 되짚어 볼 필요가 있습니다. 검찰총장이던 윤석열이 검찰 개혁을 저지하기 위해 벌인 수사는 사실상 공작이나 다름없었고, 그 과정 또한 잔인하고 가혹했습니다. 그러나 문재인 정부가 공정·정의·평등을 내세웠던 만큼 그 타격은 윤석열이 받은 비난보다 더 컸습니다. 2030세대와 중도층이 급격하게 이탈했고, 결국 여당조차 검찰 개혁과 사법 개혁에 소극적인 태도로 전환하게 됐습니다. 윤석열 총장 응징에 나섰던 추미애 장관에게 대통령 문재인이 힘을 실어 주기는커녕 사표를 요구하는 장면은 지금도 회자됩니다.

　0.73%P 차이의 패배는 거의 무승부에 다름 아닙니다. 미세하나마 승패를 가른 원인은 따로 있었다고 보이는데 저는 '젠더 문제'를 꼽습니다. 문재인은 2017년 대선에서 "페미니스트 대통령이 되겠다"고 선언했습니다. 그러나 정부는 여성가족부, 젠더 정책, 성범죄 사건 대응에서 일관된 중립성보다는 편향성을 보였고, 젊은 남성 유권자들 사이에서 역차별, 남성 혐오, 페미 정권이라는 비판을 자초했습니다. 초기에는 진보 진영의 도덕성과 시대 감각으로 통했지만 정책 불균형, 편향된 젠더 감수성, 부동산 정책 실패, 기득권화와 맞물리며 점차 길을 잃었습니다.

　이번 대선에서 민주당 후보 이재명은 이를 반복하지 않을 책임이 있고, 마땅한 답을 보여 줄 것이라 생각합니다. 문재인과 이재명은 진보 성향이라는 점에서 출발점은 같지만, 문재인 정부의 무능하고 위선적인 리더십까지 계승하진 않을 것입니다. 현실주의적이고 기존 제도 틀을 넘나드는 이재명의 성과 중심의 정치 스타일은 성남 시장 재임 시절에도 확인됐습니다. 다수였던 보수당의 반대를 시민과 직접 소통하며 돌파한 경험이 있습니다.

　민주당원들은 이를 간파하고 이미 2022년 대선에 '신상' 이재명을 내세웠습니다. 그리고 한 번의 실패를 밑거름 삼아 재도전에 나서게 했습니다. 지난 실패의 한 가지 원인은 문재인 측 인사를 포용한다며 선대위 핵심에 포진시킨데도 있습니다. 민주당이 세력 개편이 돼 '이재명 당'이 됐습니다. 이번에는 국민이 화답해 주리라 믿습니다.

2025년 대선에서 이재명과 민주당 정권의 목표는 당선을 넘어 정권 재창출까지 이어져야 합니다. 정권이 넘어가면 MB, 윤석열 정부처럼 직전 정권 인사들에 대한 마녀사냥은 물론 민주 정부의 가치가 폄훼되는 일이 반복될 수 있습니다. 김대중 이후 단 한 번도 민주 진영 정권 재창출 사례가 없었지요. 이재명의 후임 성남 시장(은수미), 경기도지사(김동연) 모두 민주당 소속이었습니다. 아마 대통령도 그러할 것입니다. 성과와 인심을 동력으로 삼아서 말입니다.

7

꿈꾸는 대동세상

조선 선조 때, 나라 안은 이미 수구 기득권 성향의 훈구파들이 권력을 완전히 틀어쥐고 있었습니다. 양반은 태어나면서부터 특권을 누렸고, 서민들은 아무리 발버둥쳐도 밑바닥 신세를 벗어날 수 없는 사회였지요. 그때 정여립이라는 인물이 있었습니다. 율곡 이이 선생에게서 학문을 배운 성리학자였습니다. 그런데 그는 세상이 어찌 왕과 양반만의 나라일 수 있냐며, 모두가 평등하게 잘 사는 세상을 만들 수는 없을까 스스로 물었습니다.

정여립은 결국 '대동세상'이라는 이상을 품게 됩니다. 신분을 가리지 않고 모든 백성이 평등하게 살아가는 세상, 왕도 필요 없고, 양반도 필요 없는 세상. 누구나 벼슬을 할 수 있고, 누구나 나라의 주인이 될 수 있는 세상. 민주주의나 공화주의 같은 개념조차 없던 시대였으니, 그의 사상은 그야말로 혁명적 발상이었습니다. 그의 생각에 공감하는 사람들이 하나둘 모여들었습니다.

기득권 세력들이 이를 좌시할 리 없었습니다. 조정과 양반층은 정여립을 왕정을 흔드는 역모의 수괴로 몰았습니다. 임진왜란 3년 전, 선조 22년 '기축옥사'라고 알려진 대대적인 숙청이 벌어졌습니다. 정여립은 피신했지만, 끝내 스스로 목숨을 끊었습니다. 그리고 그와 조금이라도 관계 있었던 사람, 인사라도 나눠 본 사람, 글 한 줄 주고받은 사람까지 모조리 잡혀갔습니다. 죽임을 당한 이와 가족, 연좌제로 피해를 본 사람이 수백 명에 달했습니다. 죄가 크다고 판단된 이들은 산 채로 토막 내어 8등분하고, 머리와 사지를 효수하는 끔찍한 형벌을 받기도 했습니다.

결국 정여립이 꿈꾼 대동세상은 조선에서 '불온한 사상', '역모의 씨앗'으로 낙인찍혔습니다. 모두가 잘사는 세상, 신분과 권력의 벽을 허물겠다는 이상은 당시 기득권에게 가장 큰 위협이었음을 보여 주는 역사적 사건이었지요.

그리고 500여 년이 지난 오늘, '억강부약', '대동세상'을 외치며 한국 정치판 한복판에 다시 나타난 인물이 있습니다. 바로 이재명입니다. 그런데 정여립을 짓밟았던 수구 기득권 세력 역시 형태만 바꿔 오늘 다시 부활했습니다. 그리고 이재명을 거세게 짓밟고 있습니다.

버리지 못할 대동세상의 꿈

이재명의 삶은 결코 평탄하지 않았습니다. 그의 고단함의 본질은 개인의 과오나 정치적 오판 때문이 아닙니다. '대동세상'을 꿈꿨기 때문입니다. 그의 정치적 비전은 단순히 복지 몇 개 늘리고 경제 정책 몇 가지 손보자는 정도가 아니었습니다. 이 나라의 깊고 두터운 기득권의 뿌리를 흔들겠다는 선언이었고, 바로 그것 때문에 그는 지금까지도 끊임없이 탄압받아 왔습니다. 강자의 욕망을 절제하고 약자의 삶을 보듬는 정치. 그것은 기본 소득, 기본 주택, 기본 금융 같은 구체적 정책으로 이어졌습니다. 이재명은 이러한 정책들을 통해 국민 삶이 개선되고, 공정 성장을 통해 지속 가능한 사회가 가능하다고 믿었습니다. 하지만 아이러니하게도 바로 그것이 불행의 씨앗이 된 셈이었습니다.

대동세상을 꿈꾼 사람들은 언제나 체제의 저항에 부딪혀야 했습니다. '대동'이란 모두가 평등하고 함께 잘사는 세상, 누구도 배제되지 않는 세상을 뜻합니다. 동아시아, 특히 한국과 중국의 역사 속에서 수백 년 이어져 온 이상이었지만, 그 꿈은 항상 기득권의 극렬한 반발을 불러왔습니다. 중국 동한 말기, 장각이 이끈 황건적의 난을 아십니까?

부패한 지배층을 비판하며 평등 사회를 외쳤던 그들의 최후는 중앙 권력의 무자비한 토벌과 수십만에 이르는 학살로 마무리되었습니다.

조선 후기에도 실학자 유형원, 박지원, 정약용이 있었습니다. 이들은 토지 균등, 세제 개혁, 신분제 철폐를 주장했지만, 양반 지배층은 그들을 끝내 권력에서 밀어내거나 유배를 보내 버렸습니다. 죽고 나서야 비로소 그들의 뜻이 옳았다고 재조명됐지요. 1894년 동학농민운동을 일으킨 전봉준 역시 마찬가지였습니다. 양반과 외세의 수탈에 맞서 평등 세상을 외쳤으나, 조선 정부와 일본군의 합동 진압으로 농민군은 처참히 짓밟혔고, 전봉준은 결국 처형당했습니다. 2025년 올해는 전봉준 장군의 숭고한 희생 130주기 되는 해입니다. 일제 강점기에도 같은 일이 벌어졌습니다. 조선공산당과 김구 선생은 일제와 자본의 착취를 비판하며 모두가 잘사는 나라를 꿈꿨지만, 역시 일제의 탄압과 광복 이후 권력 투쟁 속에서 궤멸되거나 암살당했습니다.

수백 년 역사 속에 희생된 자들의 희망을 다시 품어

왜 이토록 '대동'이라는 꿈은 늘 '불온'으로 몰렸을까요? 평등을 주장하는 순간, 기존 권력은 위협을 느낍니다. 양반 지배 체제, 자본주의 사유 재산제, 냉전 시기의 반공 논리, 그리고 오늘날 재벌과 고소득층 중심의 기득권 구조는 이 꿈을 언제나 '위험하다'고 몰아세웠습니다. 민중의 열망을 대변하는 꿈이지만, 동시에 계층 간 갈등을 촉발한다는 명분으로 탄압의 구실이 되어 왔습니다.

이재명 역시 똑같은 과정을 겪고 있습니다. 그는 이 나라의 기득권 카르텔 구조를 정면으로 건드렸습니다. 그래서 성남 시장과 경기지사 시절, 지역 화폐, 청년 배당, 기본소득 같은 실질적 불평등 해소 정책을 펼쳤을 때, 재벌·검찰·보수 언론·보수 정치권이 일제히 그를 '포퓰리즘', '국가 파괴' 정책이라 공격하고 나섰던 겁니다.

대장동과 성남FC 재판을 보십시오. 마치 조선 후기 정약용이 천주교에 연루됐다는 이유로 이단으로 몰려 유배를 당했던 방식과 다르지 않습니다. 그가 SNS와 유튜브를 통해 대중과 직접 소통하는 것에 대한 반응은 동학농민군이 민란을 일으켰다며 토벌했던 그때의 대응 방식과 전혀 다르지 않습니다. 그의 정책을 '좌파 포퓰리즘', '사회주의적 발상'이라며 공격하는 방식 역시 과거 동학군과 실학자들을 '역적', '광신도'로 몰아세운 방식과 다르지 않습니다.

그런데 생각해 봅시다. 과연 이재명이 정말 '악마'입니까? 기득권 세력에 의해 의도적으로 '악마화'된 것 아닙니까? 이 땅의 기득권이 또다시 대동의 꿈을 품은 자를 악마화하고 있는 것은 아닌지요.

우리는 지금 같은 질문 앞에 서 있습니다. 역사는 반복되고, 권력과 자본의 기득권은 어느 시기에도 '모두가 잘사는 세상'을 원한 적 없었습니다. 그러니 이재명이 겪고 있는 고통과 탄압을 단지 개인의 일탈이나 정치적 음모로만 보지 않기를 바랍니다. 그렇게 본다면, 이 땅의 수백 년 역사와, 그 속에서 피 흘려 죽어간 이름 없는 이들의 열망과 고난을 외면하는 일이 될 테니까요.

지금 우리가 마주한 탄압과 낙인의 구조는 결국, 이 나라에서 대동세상을 꿈꾼 자들이 걸어야 했던 운명 같은 길입니다. 그리고 이재명은 지금, 바로 그 길 위를 묵묵히 걷고 있는 건 아닐까요. 단 한 번도 내 삶을 개선하기 위해 진지하게 나를 돌본 적 없는 이들이 이재명에게만 쌍심지를 켜는 현실. 그 이면의 진실을, 이제는 함께 직시해 주시길

바랍니다.

이재명이 공식 선거 운동 전날이자 동학농민혁명기념일인 5월 11일, SNS에 남긴 글입니다.

"신분의 굴레를 벗고 만민 평등을 외쳤던 그날, 우리 민주주의의 첫 발걸음이 시작되었습니다. 봉건의 어둠을 밝힌 농민들의 횃불은 오늘날까지 국민이 주인인 나라의 길을 비춥니다. 제 머리 위에 그 누구도 없고, 제 발밑에 그 누구도 없다던 농민들의 함성이 아직도 귓가에 울리는 것 같습니다. 한 사람의 피와 땀으로 일군 자유는 우리 모두의 책임으로 이어집니다. 대동세상의 꿈, 우리 모두가 평등한 주인으로서 함께 이어 가겠습니다."

8

내란 잔당이 다시 집권한다고?

5월 9일 밤, 후보 등록일을 앞두고 벌어진 국민의 힘당 후보 교체 시도는 한국 보수 정치의 비상식과 반민주성을 적나라하게 보여 준 정당사 최악의 사건이었습니다. 오직 '전 총리 한덕수 옹립'을 위해 당 지도부가 한밤중에 벌인 '밀실 쿠데타'였다는 평가가 나왔고, 심지어 독재자 이승만과 박정희를 옹호했던 국민의힘 공식 후보 김문수조차 "독재"라고 비난할 정도였습니다.

사건은 이렇게 전개됐습니다.

5월 10일 새벽 0시 45분 김문수 후보 자격 박탈, 2시 30분 후보자 등록 공고, 3시 후보 등록 신청, 3시 20분 한덕수 입당 및 후보 등록, 4시 마감, 4시 40분 최종 단독 후보 결정. 특히 후보 등록은 국회에서만 가능했고, 제출해야 할 서류만 32종에 달했습니다. 결국, 한덕수 한 사람을 위한 '맞춤형 공고'였던 셈입니다. 당은 당원들을 대상으로 한덕수에 대한 가부 여부를 물었습니다.

그러나 웬만한 독재에도 침묵하던 당원들조차 들고 일어나 결국 한덕수를 낙마시켰습니다. '역시 내란당'이라는 말이 괜히 나온 게 아닙니다. 다만 김문수를 피해자로만 볼 수 없는 이유는 대선 경선 당시 한덕수와 단일화를 가장 적극적으로 약속해 득표했고, 윤석열의 내란 행위에 대해 사과할 뜻이 없다고 버텨 왔기 때문입니다.

이게 중요합니다. 한덕수든 김문수든, 내란의 책임에서 자유롭지 못한 이들은 내란 수습이라는 가장 시급한 과제를 떠안을 차기 정부의 주자가 될 자격이 없습니다. 이재명은 애초부터 이들의 실격을 지적해 왔습니다.

내란 세력 청산을 위한 대선

이재명 더불어민주당 21대 대선 후보는 국민의힘 김문수 후보와 무소속 한덕수 후보 간 단일화를 "내란 연대"라 규정하며 다음과 같이 말했습니다.

"민주주의와 헌정 질서를 파괴하는 일은 다시는 있어선

안 된다. 통합도, 화해도, 포용도 좋지만, 파괴자와는 통합할 수 없다."

정치 보복을 부인하며 국민 통합을 강조해 온 이재명이지만, 2024년 12·3 비상계엄에 따른 내란 청산만큼은 반드시 이루겠다는 의지를 분명히 한 것입니다. 김문수와 한덕수의 연대를 반드시 저지하겠다는 입장을 밝힌 것도 같은 맥락입니다.

사실 12·3 비상계엄과 같은 내란 사건 이후 인적 청산이 제대로 이뤄지지 않으면, 그 악영향은 과거에만 머물지 않고 현재와 미래까지 깊게 남습니다. 내란 세력이나 헌정 질서를 파괴한 자들을 처벌하지 않으면, 민주주의 체제의 도덕적·법적 정당성이 약화됩니다. 시민들은 '법 앞의 평등'이라는 기본 원칙을 믿지 않게 되고, 정의가 권력과 거래된다는 냉소적 인식이 사회 전반에 퍼지게 됩니다. 처벌이 없으면, 앞으로도 권력을 가진 세력이 유사한 방식으로 헌정을 유린하거나 정권을 찬탈하려는 시도에 용기를 주는 꼴입니다. 전두환의 경우, 12·12 쿠데타와 5·17 비상계엄 전국 확대라는 중대한 반헌법 행위의 책임자였음에도 사면을 받았습니다. 이러한 과거의 역사가 2024년 오늘에 이르러

다시 12·3 비상계엄 음모를 잉태하게 만든 강력한 원인임을 어찌 부인할 수 있겠습니까.

군, 정보 기관, 경찰 등 권력 기관이 법 위에 군림하며 정치적 중립 의무를 어긴 전례가 인적 청산 없이 묵인된다면, 그 조직 문화는 그대로 남게 됩니다. 6·3 대선에서 김문수·한덕수 후보가 당선된다면 이는 곧 내란 세력의 부활을 의미합니다. 민주주의 통제를 받아야 할 국가 폭력이 은밀하게 지속되는 결과로 이어지는 것입니다.

기억하고 단죄하지 않으면

현재, 내란이나 쿠데타로 인해 피해를 입은 시민들과 그 가족들의 상처와 분노는 하늘을 찌릅니다. 내란 수괴 윤석열은 개를 끌고 버젓이 거리를 활보하고 있으며, 그가 파면된 이후에도 국민은 여전히 집단적 트라우마에서 벗어나지 못하고 있습니다.

국회 국방위원 출신 김종대 전 의원은 말했습니다.

"계엄의 밤을 생생하게 기억하는 시민들은 아직도 헬기

만 보면 심장이 뛰고, 군인들만 봐도 겁이 난다고 호소한다. … 이들의 고통에 대해 국가는 아무런 보살핌이 없다. 그렇다면 묻고 싶다. … 피해자인 시민의 심리를 치유하기 위해 국가는 무엇을 할 수 있는가?"

이 문제를 해결하지 않고 사회적 통합은 불가능합니다. 과거를 직시하고 책임자를 처벌하는 과정이 있어야만 공동체가 건강한 민주주의로 회복될 수 있습니다. 인적 청산을 하지 않으면 시간이 흐를수록 내란 주동자들이 사건을 미화하거나 "불가피한 조치였다"며 정당화하려 들 가능성이 커집니다. 이는 5·16 쿠데타를 미화하듯 민주주의에 대한 교훈을 왜곡하고, 시민들의 정치·역사 인식을 흐리게 만듭니다.

헌법과 법률을 어기고 국가 권력을 찬탈하며 시민의 권리를 침해한 이들을 단죄하지 않으면, 법의 권위가 무너집니다. 법은 권력자들의 도구로 전락하고, 민주주의는 법치 위에 세워진 체제이기에 결국 민주주의 자체가 위협받게 됩니다.

민주주의는 '기억하지 않는 죄'를 가장 경계해야 하는 체제입니다. 인적 청산은 복수가 아니라 민주주의 재건과 지속을 위한 최소한의 방어선입니다. 이 방어선을 외면할 때, 우리 사회는 반복적으로 반민주 세력에 휘둘릴 수밖에 없고, 시민의 권리와 자유는 언제건 위협받게 됩니다.

12·3 비상계엄 내란 음모 사건을 제대로 청산하려면 주동자 처벌만으로는 부족합니다. 내란 세력의 정치적 후신은 물론, 그들을 옹호하거나 묵인한 세력까지도 정치권에서 퇴출시켜야 합니다. 이런 맥락에서 당시 국무총리 한덕수와 고용노동부 장관 김문수는 대통령이 되어서는 안 됩니다.

한덕수는 내란 가담 혐의에 대해 헌법재판소가 "근거 없다"고 판결했다 주장했지만, 이는 사실이 아닙니다. 헌재는 검찰이 수사 기록을 제출하지 않았다는 이유로 탄핵을 기각했을 뿐, 한덕수의 혐의 자체에 대해 판단을 내린 적은 없습니다. 실제로 수사 기록이 존재하며, 그는 내란 가담 여부로 수사를 받는 피의자입니다. 헌재 판단과는 별개로 수사는 계속되고 있습니다.

거짓과 위선의 내란 충복

국회 청문회 과정에서 밝혀진 사실도 있습니다. 용혜인 의원에 따르면, 12월 6일 한덕수 총리는 대통령 부속실장의 전화를 받고 '12·3 내란 회의' 계엄 선포문에 사후 서명했습니다. 이후 국방부 장관 김용현, 대통령 윤석열이 차례로 서명했고, 8일에는 한덕수가 부속실장에게 전화를 걸어 "사후에 문서를 갖춘 것이니 없던 것으로 하자"고 말했다고 합니다. 이 모든 과정은 헌법재판소 대심판정과 청문회장에서 본인이 직접 인정한 내용입니다. 한덕수는 그동안 계엄에 반대했고 관련 문건도 본 적 없으며 국무회의 서명도 거부했다고 주장했지만, 최근 청문회에서는 양복 뒷주머니에 계엄 문건을 보관했던 사실을 자백했고, 사후 서명까지 드러났습니다.

그의 해명은 더욱 터무니없습니다. 부속실장이 서명을 요구해 "이 문서가 예전에 받았던 것과 같다"는 취지로 서명했다는 주장인데, 총리의 서명이 그토록 가벼울 수는 없습니다. 본인 주장대로라면 본 적 없는 문서에 서명한 것을 확인한 셈이며, 이후 부속실장에게 전화해 서명 취소를 요청한 것은 그 부적절함을 스스로 인지하고 있었다는 증거입니다. 이 모든 정황을 종합하면, 계엄 선포 이후 한덕수, 김용현, 윤석열 세 인물이 뒤늦게 계엄 선포문에 서명함으로써 계엄의 절차적 정당성을 꾸미려 했다고 볼 수 있습니다.

게다가 뉴스타파 보도에 따르면, 국무위원 소집 연락은 12월 4일 새벽 2시 6분에 이뤄졌고, 한덕수가 계엄 해제 요구안을 받은 시점은 새벽 1시 3분이었습니다. 그로부터 1시간 넘게 아무 조치도 없었던 것입니다. 국회의장이 계엄 해제 요구 결의문을 송부한 후, 한 총리가 어디서 무엇을 했는지 공개되지 않았습니다. 계엄 상황에서 군 병력 철수 요청도 없었습니다.

김병주 의원이 "국회에 난입한 병력을 봤느냐?"고 묻자, 한덕수는 "참담했다"고 답했을 뿐 어떠한 조치도 취하지 않았습니다. 경찰 조사에서도 계엄군 철수를 요구하거나 경찰 행위를 지시한 적이 없음을 인정했습니다.

계엄 직전 회의에서도 그는 적극적으로 반대하지 않았습니다. 검찰 조사에서 기재부 장관 최상목이 "왜 반대 안 하느냐"고 묻자, 한덕수는 "여러 번 반대 의사를 밝혔다"고 답했을 뿐, 실제 제지는 없었습니다. 공직 40년을 마무리하며 국민 앞에 진실을 말할 마지막 기회였지만 한덕수는 거짓말로 일관했습니다. 서명 사실조차 부정하지 못한 채 조잡한 변명만 반복했습니다.

윤석열 정권의 유일한 총리로서 사후 공문서 조작까지 가담한 내란 수괴의 충복. 마지막까지 거짓과 위선으로 일관한 그는, 현실의 법정과 역사 속 법정 모두에서 반드시 심판받아야 할 인물입니다. 그런데 그는 거꾸로 내란 수습의 책임을 지겠다며 21대 대통령에 출마했습니다. 내란 수습이 아니라 은닉이 그의 진짜 의도가 아닐까요? 무장 병력의 국회 침탈을 방관하고 계엄 해제에 소극적이었던 반헌법 인사가 "헌법을 지키겠다"고 나서는 것은 국민을 우롱하는 일입니다.

헌정 파괴를 옹호한 자가 대통령에?

그렇다면 김문수는 적임자일까요?

김문수는 쿠데타로 집권한 박정희 정권을 긍정적으로 평가해 온 대표적 정치인입니다. 2025년 2월, 그는 대한민국의 압축적 경제 성장을 언급하며 "대한민국의 가장 진보적인 분은 이승만 전 대통령이라고 생각한다. 박정희보다

더 진보적인 분이 어디 있나"라고 발언했습니다. 또 2012
년에는 "한류의 최고 스타 상품은 배용준이 아니라 이승만
과 박정희"라고 말했습니다. 이는 강력한 국가 권력과 법·
질서를 통한 사회 통제를 중시하는 입장을 보여 주는 사례
입니다.

　　내란 음모와 같은 국가 권력 기관의 일탈에 대해 엄정
한 처벌보다는 정치적 파장과 정권의 통치력 유지를 우선
시할 가능성이 크다는 뜻입니다. 12·3 비상계엄 음모는 군
사력을 동원한 헌정 질서 파괴 시도입니다. 군사 정권을 옹
호해 온 김문수가 과연 이를 엄정하게 수사하여 책임자를
처벌하고, 검찰과 사법부의 독립을 보장할 수 있을까요?
가능성은 낮아 보입니다.

　　김문수가 집권하게 되면, 그 정권의 기반은 비상계엄
음모 가담 세력, 그 정치적 후신, 일부 지지층이 될 가능성
이 큽니다. 계엄 해제 후 국회 긴급 현안 질의에서 민주당
서영교 의원의 '국무위원 단체 사과' 요구를 홀로 거부한 장
면은 김문수가 윤석열을 지지하는 집단의 대표로서 대선
주자로 부상한 중요한 계기가 되었습니다. 윤석열이 그를
"내 후계자"로 지목했다는 설도 그때부터 나왔습니다. 그
렇다면 김문수가 윤석열에 대한 정치적 보은 차원에서 사

건을 은폐하거나 수사를 지연시키고, 핵심 책임자들에게 솜방망이 처벌을 내릴 가능성도 높습니다.

12·3 사건은 윤석열 정권하에서 발생한 국가적 위법 사건입니다. 김문수가 정권을 이어받게 되면, 윤석열 측근 세력과의 연계가 유지될 수밖에 없습니다. 그 안에서 윤석열 정권의 과오를 철저히 수사하는 일 자체가 김문수 정권에겐 정치적 부담이 될 것입니다. 결과적으로 공정한 수사와 처벌은 사실상 불가능해집니다. 김문수의 정치 성향, 과거 행적, 윤석열 정권과의 연계, 군사 정권 옹호 발언 등을 종합적으로 고려하면, 그가 대통령이 되는 순간 12·3 비상계엄 내란 음모 사건의 진상 규명과 책임자 처벌은 물 건너갈 확률이 큽니다.

12·3 사건의 진정한 청산은 정권 교체 없이는 불가능합니다. 민주주의 수호 의지가 분명한 정부가 들어서야만 가능한 일입니다. 현재 그 의지를 분명히 한 유일한 유력 대선 주자는 이재명뿐입니다.

9

유능한 경제 대통령이 절실하다.
정답은 자명하다!

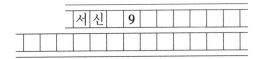

대선을 불과 한 달여 남겨 놓은 시점에서 민생 회복에 관한 청사진을 제시한 후보는 이재명뿐입니다.

여기서 먼저 이재명의 심리를 다년간 분석한 심리연구소 '함께' 김태형 소장의 분석을 요약해 보겠습니다.

내 생각에 이재명은 청년기 이전까지 노동자였고, 그의 가족 역시 과거부터 현재까지 노동자이자 서민 계층에 속해 있습니다. 이는 그가 일반 국민과 일체감을 유지할 수 있는 심리적 기반을 가지고 있다는 뜻입니다. 따라서 나는 이재명이 다른 후보보다 상대적으로 우수하며, 절대적으로도 높은 평가를 받을 만한 인물이라고 봅니다.

그의 과거 행적을 보면 대권을 목표로 인기 영합 정치를 한 사람이 아니었습니다. "권력이 필요한 게 아니라 일할 권한이 필요하다"고 말하는데, 이는 단순한 보여 주기용 수사**가 아니라고 생각합니다. 실제로 적폐 청산에 철저했고, 전 국민 기본 소득이라는 공약은 시대정신과 잘 맞아떨어집니다. 그래서 나는 이재명이야말로 현재의 시대정신을 가장 잘 대변할 자격이 있다고 판단합니다.

기본 소득은 개인적으로도 큰 관심을 가진 분야입니다. 성남 시장 시절 이를 추진하는 모습을 보고 솔직히 놀랐고, 선견지명이 있다는 생각도 들었습니다. 한편으로는 '자살골이 될 수도 있겠다' 싶었지만, 이후 코로나19 사태로 전 세계적으로 기본 소득 논의가 본격화되면서 상황이 달라졌습니다.

이재명의 기본 소득 정책은 현재 다소 후퇴했지만, 당선되면 원래 방향대로 추진할 것이라고 봅니다. 그의 정치 브랜드 자체가 '개혁'과 '기본 시리즈'로 요약되니까요. 내가 기본 소득을 중요하게 여기는 이유는 단순히 경제·복지 정책 차원이 아닙니다. 이는 인권 정책이며, 사회 개혁의 출발점이라고 생각합니다. 사실 성남시에서 기본 소득을 실행하기 전부터 나는 이를 주장해 왔는데,

당시만 해도 기본 소득을 언급하면 '사회주의자'라 비판받던 시절이었습니다.

대선 후보들을 심리학적으로 분류하면 '공익 추구형'과 '사익 추구형'으로 나눌 수 있습니다. 우리가 대통령으로 원하는 건 당연히 공익 추구형입니다. 사익 추구형은 어떤 경우에도 권력을 잡아선 안 됩니다. 정치인을 평가할 때 정책이나 외모보다 이 점을 가장 먼저 봐야 한다고 믿습니다.

역대 대통령 중 공익 추구형의 대표적인 예가 노무현 대통령입니다. 사실 노 대통령은 원래 대권 도전을 생각하지 않았습니다. 그런데 당시 이인제 의원이 대통령이 되겠다고 하자 '이건 안 된다'며 나선 겁니다. 그는 이인제를 '기회주의자'로 보고, 그런 사람이 권력을 잡아선 안 된다고 생각해 대의를 위해 출마한 겁니다.

이재명도 비슷한 케이스입니다. 이를 잘 보여 주는 사례가 성남 시장 시절입니다. 시민 단체 활동가로 시립병원 건립을 추진했지만 시의회 반대와 경찰 수배까지 당했음에도 결국 시장이 되어 병원을 완공했습니다. 이는 공익 추구형 심리가 아니면 불가능한 일입니다. 대통령에 도전하는 것도 같은 맥락입니다.

경기 도지사로 일하며 그 권한으로는 할 수 있는 일에 한계를 느꼈고, 대통령 선거 10여 년 전부터 이재명은 대통령 권한이 있어야 자신의 비전을 펼칠 수 있다고 판단했습니다. 이는 사회를 근본적으로 바꾸겠다는 의지입니다. 이런 정치인이 많아야 나라가 제대로 돌아가는데, 현실은 그렇지 않아 안타깝습니다.

정책과 실력으로 승부한다

"경기 도지사로서 한계를 느껴 대통령에 도전했다"는 발언에 덧붙일 이야기가 있습니다. 이재명이 지사 시절 추진하려 했던 정책 중 하나가 기본 주택입니다. 영구 임대주택을 상상하면 이해가 쉬울 것입니다. 다만, 입주 대상이 지금처럼 저소득층이나 사회 보호 계층에 국한되지 않고 '모든 무주택자'에게 열려 있으며, '역세권'에 위치한다는 점이 큰 틀에서 다릅니다. 이를 위해 이재명은 중앙정부와 논의했지만 "왜 못사는 사람이 아닌 모두에게 허용하느냐"는 반발에 부딪혔고, 그의 꿈은 시동만 걸린 채 멈췄습니다(결국 그 중앙정부는 부동산 정책에서 시장과 심리를 읽지 못한 규제 일변도의 정책을 이어 가다 실패를 거듭했습니다. 초기 공급을 확실히 늘리고, 세금·대출·임대차 시장을 유기적으로 조율했어야 했는데, 규제만 강화하고 공급은 늦추니 집값과 전셋값을 둘 다 잡지 못했습니다. 그리고 정권을 잃었습니다).

질 좋은 공공 임대 아파트를 공급해 부동산을 더 이상 소유와 자산의 개념으로 집착하지 않는 세상을 꿈꾼 이재명은 결국 대통령이 되어야 이를 현실로 만들 수 있다고 생각했습니다. 시장이 되어 공공 의료원을 지을 수 있다고 다짐했던 그 마음처럼 말입니다.

이재명의 기본 소득과 기본 금융 아이디어 역시 마찬가지입니다. 2022년 대선에서 그는 전 국민에게 연 100만 원의 기본 소득을 지급하겠다고 공약했습니다. 명절, 연말연시, 여름 휴가 때 1인당 25만 원씩 지급하는 방안입니다. 이로써 노동을 포기하는 사람은 없겠지만, 내수 시장은 살아날 것이고 승수 효과 또한 클 것입니다.

또한 급전이 필요한 국민을 위한 기본 금융(기본 대출)은 어떻습니까? 고리사채로 고통받는 경제적 약자를 공공이 지원하는 일은 공익에 해당합니다. 이는 서민 생활 안정, 경제적 불평등 해소, 인간으로서 존엄하게 살 길을 열어 민주주의 성숙을 도모할 수 있는 정책입니다. 빈곤의 그늘에 빠진 서민 약자를 헤아리는 정치인을 얼마나 보셨습니까?

이재명은 노동자, 비정규직, 소상공인 등 사회적 약자를 위한 정책을 꾸준히 주장해 왔습니다. 그는 최저 임금 인상, 비정규직의 정규직화, 공정 임금제 도입으로 노동 시장 불평등을 줄이고, 소상공인 지원을 위한 금융 및 세제 혜택을 강화하겠다고 밝혔습니다.

또한 성남 시장과 경기 도지사로서 복지와 경제 정책에서 구체적 성과를 보여 줬습니다. 예를 들어, 성남시의 청년 배당(청년에게 연 100만 원 지급)과 경기도의 재난 기본소득(코로나19 시기 전 도민 10만 원 지급)은 전국적 관심을 끌며 지역 주민의 경제적 부담을 완화했습니다. 단순히 돈을 뿌린 게 아닙니다. 지급된 현금은 일정 기간 내 소상공인 매장에서만 사용할 수 있는 소멸성 지역 화폐로 도입 취지에 반하는 저축을 막았습니다. 이른바 지역 화폐 '깡'도 마약 수사처럼 함정 조사를 펼쳐 근절했습니다.

상당한 성과를 냈습니다. 한국지방세연구원과 경기연

구원 보고서에 따르면, 경기도민 전체 소비 지출이 단기간에 10% 이상 증가했고, 사용처 제한 덕분에 지역 골목 상권·소상공인 업소 매출이 평균 16~20% 증가했습니다. 대형 마트 매출은 변화가 없어 선별적 소비 진작이 성공했음을 보여 줬습니다. 경기도 전체로는 최대 약 1조 3,000억 원 규모의 생산 증가 효과가 있었다는 평가입니다. 특히 소득이 소비로 즉각 연결되는 저소득층·자영업자 소비 증가 효과가 컸습니다.

이재명이 대통령이 된다면 민생 중심의 경제 정책, 실용적 행정 경험, 사회적 약자 보호에 대한 강한 의지를 바탕으로 고물가·고금리·주거 불안으로 무너진 민생을 회복할 가능성이 큽니다.

이미 검증된 무능과 미래 전략 부재의 인물들

반면 한덕수와 김문수는 어떨까요? 첫째, 실질적인 경제 정책 운영 경험과 성과 면에서 현저히 경쟁력이 떨어집니다. 이재명은 성남 시장, 경기 도지사 시절 직접 경제를 살려 본 행정가형 정치인입니다. 성남시 재정 자립도를 전국 최고로 끌어올렸고, 부채 5,300억 원을 전액 상환했습니다. 경기도에서는 기본 소득형 국토 보유세, 지역 화폐 대폭 확대로 코로나19 국면에서도 전국에서 가장 빠른 경기 회복세를 보여 주었습니다.

반면 한덕수는 관료 출신으로 경제 정책 설계보다 기득권형 경제 구조 유지의 총괄자 역할에 가까웠고, 김문수는 시장 경제나 복지 경제에 대해 표피적인 발언과 보수적 국가 주도 성장 담론 외에는 실질적 운영 경험이나 성과를 찾아볼 수 없습니다.

둘째, 서민 경제 중심의 정책 철학 면에서 빈약합니다. 이재명은 "성장과 분배는 함께 가야 한다"면서도 "불공정과 불평등 해소 없는 성장론은 의미 없다"는 입장을 일관되게 유지했습니다. 그러나 한덕수와 김문수는 수출 대기업 중심의 성장과, 현대 경제 구조에서는 환상에 불과한 낙수 효과 경제론을 신봉해 왔습니다. 즉 대기업·고소득층이 풍족해야 그 단물이 서민층으로 흘러내린다는 주장에 경도되었습니다.

셋째, 위기 관리 능력 면에서 크게 대조됩니다. 이재명은 코로나19 팬데믹 시기 경기 도지사로서 전국 최초로 재난 기본 소득을 지급하는 등 긴급 대응 체계를 구축해 위기 대응력을 입증했습니다. 정부보다 빠른 선제적 방역 조치와 민생 대책으로 전국적 롤모델이 됐습니다.

반면 한덕수와 김문수는 위기 상황에서 눈에 띄는 민생 경제 대응 실적이나 선제 조치 사례가 없습니다. 특히 12·3 비상계엄 이후 정치적 불확실성으로 소비자와 기업의 심리가 얼어붙고, 환율·물가 상승, 수출 둔화, 외국인 자본 유출이 겹치며 경제 전반이 침체에 빠졌습니다. 이를 안정적으로 관리하고 불확실성을 해소해야 할 책무가 국무총리(한덕수)와 내각의 일원(김문수)에게 있었지만, 그들이 해낸 게 뭐가 있습니까?

한덕수의 '능력'은 이 부분에서도 분명히 검증됩니다. 2000년 6월, 한국 정부는 중국산 마늘 수입량이 급증하여 국내 마늘 값이 폭락하자 이를 막기 위해 중국산 마늘에 긴급 수입 제한 조치^{세이프가드}를 발동했습니다. 그러자 중국은 즉각 보복 조치로 한국산 휴대폰과 폴리에틸렌 수입을 중단했습니다. 당시 한국의 대중국 수출 1, 2위 품목이 휴대폰과 폴리에틸렌이었기에 타격은 컸습니다. 당시 산업자원부 통상교섭본부장이 한덕수였습니다. 협상 테이블에서 그는 중국과 졸속 협상을 진행해 결국 마늘 수입 물량을 대폭 늘리는 양보안을 제시하고, 휴대폰과 폴리에틸렌 금수 조치를 풀기 위해 중국의 요구를 거의 그대로 수용했습니다. 결과적으로 국내 마늘 농가는 큰 피해를 입었고, 협상 과정에서 졸속·굴욕 외교 논란까지 일었습니다.

더 큰 문제는 이를 2년간 숨겼다는 점입니다. 이 일로 한덕수는 '경제 관료의 외교 협상력 부재'를 상징하는 사례로 꼽히게 됐고, 여러 경제지에서도 "위기를 관리할 줄 모르는 관료"라는 혹평이 뒤따랐습니다. 협상력 부족과 현장 감각 부재로 경제 현장을 지키지 못한 인물이라는 비판 앞에 한덕수는 말을 잇지 못했습니다.

넷째, 미래 전략이 부재합니다. 이재명은 디지털 전환, 그린 뉴딜, 기본 소득형 국토 보유세 등을 통해 4차 산업 혁명 시대의 사회·경제적 구조 개혁 구상을 구체화했습니다. 단순 성장이 아닌 '지속 가능한 성장과 공정한 분배'를 함께 고민했습니다. 반면 총리 한덕수는 'RE100'조차 몰랐던 대통령과 닮아, 기득권형 산업 구조와 전통적 대기업 중심 경제 구조에 익숙합니다. 김문수 역시 과거 산업화 성장 담론에 갇힌 인물로, 4차 산업 혁명 시대형 경제 전략에 대한 전문적 고민이나 비전이 부족합니다.

과거의 성장 담론과 기득권 경제 체제에 머물러 현재 한국 경제가 당면한 양극화구조 전환 과제를 풀어 낼 역량과 의지가 현저히 부족한 한덕수와 김문수에게 국정을 맡긴다는 것은 미래를 포기하는 것과 다름없습니다. 결국 정답은 그 반대편에 있습니다.

10

그래도 차마
이재명은 안 된다고 하기 전에

이재명의 어린 시절 이야기는 한국 현대사의 굴곡과도 겹치는 가난과 차별, 그러나 이를 딛고 일어서는 부활의 서사로 가득합니다. 어쩌면 벗님의 인생 서사와 많이 겹치거나 닮았을 것입니다.

1964년 경북 안동에서 태어난 이재명은 어린 시절 가족과 함께 성남으로 이주해 몹시 가난한 환경에서 자랐습니다. 집안 형편이 워낙 어려워 국민학교 졸업 후 바로 공장에 나가 일을 해야 했는데요. 겨우 12~13살이었죠. 그가 일했던 공장은 경기도 성남 상대원에 있는 철공소였고, 소년이 일하기엔 아주 위험한 환경이었습니다. 여기서 하루 12시간 넘게 일하면서 공장 기계에 팔이 끼는 사고를 당하게 됩니다. 이 사고로 왼쪽 팔에 영구 장애를 입었어요. 팔꿈치 관절이 변형되어 지금도 완전히 펴지지 않는다고 알려져 있습니다. 치료조차 제대로 받지 못했고, 극심한 통증과 장애를 안고 살아야 했죠.

소년공으로 일하던 시절, 가족 중 몹쓸 형에게 괴롭힘을 당했습니다. 그 형이 공장 동료들끼리 부라보콘 아이스크림을 걸고 권투 시합을 시켰습니다. 지는 사람이 상대는 물론 싸움을 지켜본 사람들 몫까지 사 줘야 했습니다. 어린 이재명은 어쩔 수 없이 그 싸움에 끌려 나가 상대방과 주먹다짐을 벌여야 했죠. 그때 이재명은 몸이 왜소하고 체력도 약했습니다. 형은 그런 동생을 억지로 싸움판에 내몰았고, 싸움에서 지면 매질까지 했다고 합니다. 이재명 본인이 이 일화를 이야기하면서 다음과 같이 회고했습니다.

"그 형이 술 마시고 내기 싸움에 날 데려가서, 지면 얻어맞고, 이겨도 또 얻어맞았다."

이 시기에 공장 내 괴롭힘은 일상이었고 고참이 후배 소년공들에게 권투 글러브를 끼우고 싸움을 붙이는 일은 허다했습니다. 이재명은 아마 이 시기에 '약자끼리 싸움 붙이는 문화'에 대해 강한 문제의식을 품은 것 같습니다.

절망의 끝에서 얻은 연민과 공감력

약자끼리 싸움을 붙이는 강자는 종종 자신의 권위를 과시하거나 약자들의 고통을 통해 우월감을 느끼게 되지요. 약자들은 강자의 조장에 의해 서로를 적으로 여기며, 결과적으로 자기 비하나 무력감을 내재화할 수 있습니다. 강자가 약자들 간의 갈등을 조장하면, 약자들이 서로를 적대시하며 단결하지 못하게 됩니다. 이러한 행태는 강자의 지배력을 강화하는 고전적 전략이지요. 약자들이 처한 저임금, 열악한 노동 조건 등을 이용해 그들의 저항 가능성을 약화합니다. 약자들이 서로 싸우느라 구조적 문제, 예컨대 착취에 도전할 여력을 잃게 만드는 것이지요.

이재명은 온갖 위험한 일을 하고, 고참 노동자에게 시달리고, 공장 동료에게도 괄시받으며 절망감에 빠졌습니다. 탈출구가 보이지 않는 가난과 고된 노동에 지친 그는 스스로 삶을 끊으려 했습니다. 그래서 공장 근처 약국에 가서 수면제를 사려 했습니다. 하지만 약사 아저씨는 어린 소년이 혼자 수면제를 사러 온 걸 이상하게 여겼습니다. 그래서 수면제 대신 소화제를 건네줬습니다. 이를 입에 털어 넣고 한참 뒤에야 이재명은 알았지요. 약사 아저씨가 약을 건

네며 했던 "이거 먹고 기운 내라"라는 말의 뜻을요. 이재명은 비로소 아주 작은 배려나 관심이 누군가의 삶을 구할 수 있다는 걸 몸소 경험했다고 자주 말합니다. 이재명이 사회적 약자에 대한 연민과 책임감을 느끼게 된 출발점이기도 하죠. 지금도 자살을 선택하려는 이들에게 흉중의 연민을 끌어모아 호소하지요.

"한 번 더 생각해 달라."

그 뒤로 이재명은 그래도 한번 살아 보자 마음을 고쳐먹고 검정고시를 준비하며 새로운 길을 걷게 됩니다. 사실 이재명은 어린 시절 국민학교 졸업 이후 바로 공장에 나가야 했고, 중학교와 고등학교는 아예 진학을 못했습니다. 그러다 검정고시로 학력을 이어 가면서 남몰래 교복 입은 또래 친구들을 부러워하고, 부끄러워하고, 안타까워했던 기억이 있었다고 여러 번 밝혔습니다. 그는 인터뷰와 연설에서 이렇게 말합니다.

"나도 교복 입고 학교 다니고 싶었어요. 버스 타고 가다가, 학교 앞에서 웃고 떠드는 또래들 보면 괜히 피해 가고, 내 팔목에 있는 공장 번호표가 너무 부끄러웠죠."

가난한 집 아이들의 부끄러움을 누구보다 뼈저리게 알았기에, 나중에 성남 시장에 당선되자마자 가장 먼저 고민했던 게 '어떻게든 아이들에게 최소한의 존엄을 지켜 주자'라는 생각이었습니다. 그래서 2016

2022년 상대원 시장 연설

@Love-px3tp

무지한 저를 오늘 탓해 봅니다. 수박 겉만 열심히 핥고 있었네요. 속을 들여다볼 생각도 없이 비난했었던 과거를 반성합니다. 힘내십시오. 이 가슴 답답한 현실에 종지부를 찍고 신나는 하루를 시작할 수 있기를 기도합니다. 6월 3일이 어여 왔음 좋겠네요.

년, 이재명 성남 시장은 전국 최초로 중학교 신입생 전원에게 무상 교복을 지원하는 정책을 시작합니다. 2021년 한 방송 인터뷰에서 했던 이재명의 말입니다.

"나 어릴 때는 교복 입고 학교 다니는 게 꿈이었어요. 교복 사 달라고 말도 못 했죠. 그래서 성남 시장이 되고, 내가 하고 싶었던 그걸 우리 아이들한테 해 주자고 한 겁니다."

보수 언론과 일부 반대 여론이 연일 포퓰리즘이라며 공격했지만, 이재명은 이렇게 응수했습니다.

"가난한 아이들에게 교복은 단지 옷이 아닙니다. 존엄이고 자존심입니다. 저도 그때 교복 입고 학교 다니고 싶었거든요. 그래서 제 꿈이던 교복을 우리 아이들에겐 마음껏 입게 해 주고 싶었습니다."

이 정책은 학부모들의 압도적 지지를 받았고, 이후 경기도 전역, 그리고 전국 시도 교육청으로 확산되어 무상 교복 보편화의 시발점이 됐습니다. 사실 이 정책은 단순히 교복 하나 주는 복지를 넘어 '국가와 지자체가 최소한의 품격과 존엄을 책임져야 한다'라는 이재명 복지 철학의 상징적 사례가 됐습니다.

고난 속에서 삶의 목표를 찾다

가난 때문에 학교는 포기했지만 이재명은 '죽기엔 억울하다, 배워야겠다'라는 생각이 들어 성남 도서관에서 책을 읽기 시작합니다. 더 직접적인 계기는 '남에게 얻어터지지 않고 산다', '돈을 벌어 가난에서 벗어난다', '자유롭게 돌아다니며 산다'라는 꿈을 실현하기 위한 것이었습니다.

아버지의 반대로 야간 학교 대신 검정고시 학원을 선택했습니다. 학원 선생님의 배려로 단과반을 무료 수강할 수 있었던 덕에 경제적 부담을 덜 수 있었습니다. 중졸 검정고시를 준비하면서 약 3개월여인 13주 동안을 퇴근 후 3km 거리를 뛰거나 걸어서 야간 학원에 다녔습니다. 버스비가 없어 학생 할인을 받기 위해 머리를 밀고 다닌 일화도 있습니다.

고졸 검정고시 준비 기간은 약 1년 반으로, 공장 일을 병행하며 밤 늦게까지 공부했습니다. 시험 한 달 전에는 어머니의 지원으로 공장을 그만두고 공부에 전념할 수 있었습니다. 함께 학원에 다녔던 심정운 씨는 이재명의 '특출난 암기력'과 무서운 집중력을 회고했습니다.

이재명은 한겨울에도 공장 퇴근 후 도서관에 앉아 책을 읽고, 독학으로 검정고시 공부를 했어요. 제대로 된 검정고시 문제집을 살 돈이 없어 헌책방과 도서관 책으로 문제를 외우듯 공부했다고 합니다. 그리고 결국 중학교·

고등학교 검정고시를 모두 통과했어요.

학원에서 특출한 학습 능력을 인정받은 이재명은 검정고시를 통과한 뒤 대학에 가고자 했습니다. 때마침 1980년, 대입 제도가 바뀌었습니다. 예비고사와 본고사 체제로 대입이 진행되던 이전의 대입 제도에서는 이재명같이 단기간 학원을 다녀 검정고시에 통과했을 뿐, 정규 교육을 안받은 사람들에겐 본고사 준비가 불가능에 가까울 정도로 어려운 일이었습니다. 그런데 그런 본고사가 사라지고 학력고사 체제로 바뀌면서 검정고시 합격자들도 이전보다 쉽게 대학 진학에 도전할 수 있게 된 것이죠.

게다가 1981년에 사립대학 특별 장학금 제도가 만들어졌습니다. 집안 형편이 가난하지만, 우수한 학생은 학비에 더해 생활비까지 대학이 지원할 수 있는 제도였습니다. 대학 진학을 극구 반대하던 아버지도 공장을 계속 다니는 조건으로 입시 준비를 허락했습니다. 학력고사까지 남은 8개월간 이재명은 주경야독으로 고교 3년 교육 과정을 섭렵하더니 1982년 중앙대학교 법학과에 합격하게 됩니다. 서울대에도 들어갈 실력이었지만 전액 장학금에 더해 생활비까지 받게 되는 혜택에 이재명은 고민 없이 중앙대를 선택합니다. 그만큼 고단한 공장 생활에서 탈출하고자 하는 마음이 강했지요.

중앙대 법대 재학 시절, 그러나 이재명에게 '낭만'은 없었습니다. 대학 자체를 생애 목표로 삼을 수는 없었거든요. 이재명은 가난한 가정 환경에서 자라며 사회적 약자들이 겪는 불공정과 차별을 직접 경험했습니다. 법조인이 되어 이러한 불의를 바로잡고, 약자를 보호하며 정의로운 사회를 만드는 데 기여하고 싶은 마음에 불이 붙었다고 말합니다. 그는 부단한 노력 끝에 제28회 사법시험에 최종 합격합니다. 특유의 암기 실력도 한몫했습니다.

마음의 빚과 세상을 바꿀 약속

이 와중에 이재명은 큰 빚을 집니다. 중앙대 법학과 재학 시절, 같은 학과 동기였던 이영진에게 말입니다. 학생운동권 핵심 멤버였던 이영진은 의협심이 강하고 카랑카랑한 음색을 가진 이재명에게 호감이 갔습니다. 특히 가난하고 치열하게 공부하며 살아온 인생사와 이재명이 가진 사회적 문제의식을 알고, 함께 운동에 투신해 세상을 바꾸자고 권유합니다. 이재명도 당시의 사회 구조와 부조리에 대한 문제의식이 강했지만, 사법고시 합격이 당장의 목표였기에 선뜻 운동권에 가담하긴 어려웠습니다. 그래서 이영진에게 이렇게 약속합니다.

"내가 사법시험에 합격하고 변호사가 되면, 그때부터 하자는 것 다 하겠다. 그러니 지금은 내 목표를 이루게 도와 달라."

이영진은 믿었습니다. 이재명이 약속 안 지키는 친구들을 무척 경멸한다는 걸 알고 있었고, 만약 운동할 생각이 없었다면 "안 해", "못 해"라고 딱 잘랐을 것이라고 했습니다. 이영진은 결국 올곧게 운동가로 활동하다 제적당하고 맙니다. 가난한 이영진의 가족에게 이영진은 빛이요 희망이었지요. 졸업한 이재명은 고시원에서 그의 부모님에게 편지를 보냅니다.

의로운 일을 하다 고초를 겪고 있는 영진이를 우리 동기들은 모두 자랑스럽게 여기고 있습니다. 영진이가 앞으로 반드시 더 훌륭하게 큰일을 할 것으로 우리는 믿고 있

차마 애써 외면하려 하기 전에: 지금, 이재명이 필요합니다

습니다. 부모님께서도 너무 상심하지 않으시기를 바랍니다.

1986년 2월 21일, 이영진의 학과 동기 이재명 올림.

결국 이재명은 졸업하던 해인 1990년 제28회 사법시험에 합격해 변호사가 됩니다. 그리고 이영진과의 약속대로 변호사가 되자마자 시민 운동과 노동 운동, 인권 변호사 활동에 뛰어듭니다. 물론 이런 행보의 이면에는 또 다른 도원결의가 있었습니다. 1980년대 말, 사법연수원 시절 이재명, 문병호(훗날 국회의원), 정성호(훗날 5선 국회의원)는 서로 뜻이 잘 맞았습니다. 셋 다 사회적 약자와 기층 민중의 현실에 대한 문제의식이 깊었고, 그렇다고 단순히 학생 운동권에서 끝나는 게 아니라 직접 현장으로 들어가 '민중 속에서 변호하고 함께 살자'는 생각을 공유했죠. 그러던 중, 세 사람은 술자리에서 진지한 약속을 합니다.

"우리 각자 이름난 로펌이나 서울에 남지 말고, 지역으로 내려가 노동자·서민들과 함께 살며 세상을 바꾸자."

가난하고 힘 없는 자들을 위해

이재명은 그래서 노동 운동, 시민 운동, 철거민·장애인 인권 운동을 시작합니다. 성남에 '이재명 법률사무소'를 열고, 공단 노동자 무료 변론, 철거민 대책, 환경 운동, 장애인 권리 운동을 시작했죠. 문병호는 인천 지역 노동자 권익 운동과 인권 변호 활동을 했고, 정성호 역시 경기도 북부 지역에서 철거민·농민·노동자 인권 운동에 매진했습니다. 셋은 각자 지역은 달랐지만, 자주 만나 서로의 활동을 공유하고, 서로 도움을 주며 '지역 시민 운동 네트워크'를 형성하게 됩니다. 이재명은 성남 지역의 공단 노동자, 철거민, 장애인 인권 보호를 위한 무료 변론에 나섰습니다. 물론 그의 곁에는 이영진이 있었습니다.

제가 쓴 책『마이너리티 이재명』에서 이영진 씨와 인터뷰했습니다. 그 내용을 일부 인용합니다.

(이재명은)가난하고 힘없는 노동자의 편이 되려 했다. 이재명의 22년 변호사 시절 동안, (수임료 외에)상담료로 받은 것은 거의 없었다. 나중에 전화국 114로 변호사 무료 상담 전화번호 문의 전화가 오면 이재명 사무실 전화

번호를 알려줄 정도였다.

이영진은 이재명에게 남다른 사명감이 있었다고 한다. 무작정 찾아온 사람과도 대화를 나누고 만약 시간이 허용하지 않거나 사안이 난해해서 분석할 필요가 있을 땐 다시 만나 해법을 주려 했다. 그렇게까지 할 필요가 있었을까? 이재명은 이영진에게 이렇게 말했다고 한다. "내가 모르는 법률 문제라면 아무도 모를 것이다. 저 사람은 어디 가도 답을 찾지 못할 것이다."

당시 성남의 공단 노동자들은 열악한 환경에서 과중한 노동과 저임금에 시달리고 있었고, 산재와 사고에 대한 법적 보호도 거의 받지 못했다. 이재명은 그런 노동자들이 인권을 무시당하고, 법적으로 무시당하는 현실을 직시하고, 그들을 법적으로 돕기 위해 싸우기 시작했다. 많은 성과가 있었다.

가장 안타까운 의뢰인 중에 필리핀 노동자 에리엘 갈락 씨가 있었다. 갈락 씨는 1992년 성남의 한 공장에서 일하다 오른쪽 팔이 팔뚝에서 절단되는 사고를 당했다. 더 딱한 것은 그의 신분이 '불법 체류자'라는 점이었다. 강제 출국당할 수밖에 없는 처지였다.

이재명은 성남 지역 노동 인권 운동가인 김해성 목사와 함께 갈락 씨를 변론하고 나섰다. "산업 재해는 위장 취업자도 심사 대상이 되는 데다 세계적 기준이 국적 차별을 불허하는데, 팔이 절단까지 된 사람을 예외로 둘 수 있는가?" 이재명 특유의 날카로운 문제 제기에는 감정이 실렸다. 같은 '성남의 공장'에서 팔을 다치고도 어느 사람에게도 호소하지 못했던 소년공 시절의 개인사가 섞인 울분이었다. 끝내 필리핀으로 돌아간 갈릭 씨는 이재명의 집요한 법률 구제 활동으로 뒤늦게 산재를 인정받았다. … "결국 일부 비용을 공제하고 이 돈은 필리핀에 돌아간 갈락 씨 계좌로 송금했습니다."

사실 이재명은 돈 잘 버는 변호사가 될 수 있었습니다. 노동자를 변호한 1심에서 대승하자, 재판에서 진 사용자가 항소심 변호를 맡아 달라 간청할 지경이었습니다. 부산에서 노무현이 갈고리로 돈을 모았다면, 성남엔 이재명이 있었습니다. 그러나 그는 돈보다 공익을 지향했습니다. 이재명은 노동 인권이 어느 정도 사회적 보장 틀에 편입되자 이제 시민 운동으로 지평을 확대합니다. 성남시민모임, 성남참여연대, 성남환경운동연합, 성남노동상담소 등 다양한 시민 운동 조직에 참여해 노동자 권익 보호, 철거민 대책, 장애인 권리 운동, 환경 운동을 주도했습니다.

구조적 거대 악에 맞서

이재명이 변호사로서 유명해진 또 다른 사건은 철거민들의 권리 보호에 관련된 사건입니다. 2000년대 초반 판교 신도시 개발이 추진되면서 해당 지역에 거주하던 무허가 주택 거주민, 즉 철거민들이 개발 고시 이후 보상 대상에서 제외되거나 충분한 이주 대책을 받지 못하는 상황이 발생했습니다. 이들은 LH에 대해 아파트 입주권 등을 요구하며 법적 대응을 준비했습니다. 그러나 시민 운동은 사용자와의 싸움에 그치던 노동 운동과는 달랐습니다. 맞상대는 구조적 악이었습니다.

1990년대 후반이었습니다. 이재명은 불법 건설 비리와 부동산 개발 문제에 깊은 관심을 두게 됩니다. 특히 성남시의 재개발 사업을 둘러싸고 벌어지는 불법적 토지 거래와 부당한 재개발 강제 철거에 대해 큰 문제의식을 느꼈습니다. 그는 성남 시청과 건설업자들이 불법적인 재개발 강제 철거를 통해 땅값을 올리고 부당한 이득을 챙기고 있음을 알게 되었고, 이를 법적으로 제지하고 시민들의 권리를 보호하기 위해 싸우기로 결심합니다. 그래서 불법 건설 비리를 공론화하고, 이에 대한 법적 대응을 하게 됩니다.

그런데 베일에 가려졌던 악은 따로 있었습니다. 집권 당인 새천년민주당의 거물급 인사였습니다. 처음엔 '잘한다' 소리를 들었던 이재명도 결국 진영 내에서 궁지에 몰립니다. 그 와중에 거물급 정치인이 공개적으로 이재명을 매도하고 비난하고 나서면서 지역에서 거의 '왕따'가 되고 맙니다. 이재명도 이때를 생애 가장 고통스러웠던 시기로 회고합니다. 그 자신도 "이쯤에서 멈추라" 말하는 진영 편에 설 것인가, '이 바닥에서 설 자리를 잃을 각오를 하자'며 정의 편에 설 것인가 딜레마가 컸던 것입니다. 이재명은 당시 상황을 이렇게 회상합니다.

"내가 그때 싸우던 건 단지 법적 문제나 개인적 일이 아니었어요. 그건 시민들의 삶을 위한 싸움이었고, 내가 그 싸움에 이길 때마다, 내 뒤에는 항상 사람들의 삶이 있었습니다. 물론 그때 정치적 배신도 있었지만, 내가 하는 일이 옳다고 믿었기 때문에 외로워도 싸워야 했습니다."

그러나 이재명은 불법적인 개발과 불공정한 거래에 맞서 싸우며 시민들의 권리를 주장했습니다. 이재명은 그때 시민 운동과 불법적 건설 비리에 맞서는 활동이 자신의 정치적 가치관을 확립하는 중요한 경험이 됐다고 말합니다. 그리고 "옳은 일을 하기 위해서 정치적 편을 가리지는 않겠다"라는 정의감과 신념을 지키는 일이 중요하다는 깨달음을 얻었습니다. 그것이 이재명을 '친○'으로 불리는 유력 정치인 계보에 줄 서는 정치를 하지 않게 하는, 나아가 친노 친문이 20년 넘게 주류로 군림하던 민주당 정치를 자신 중심으로 재편하는 힘이 됐을 것입니다. 이재명은 이후 자신의 정치적 신념에 대해 이렇게 밝혔습니다.

"내가 그때 그 싸움하지 않았다면, 지금의 나는 없었을 겁니다. 그리고 정치가 나를 배신할지라도, 나는 언제나 옳은 일을 해야 한다는 신념을 지킬 것입니다."

이재명의 시민 운동은 중앙은 물론 지역 기득권자들로부터도 번번이 저지당했습니다. 이재명이 성남 공공의료원을 지으려다 불발되었던 사건이 대표적입니다. 그런데이것은 그가 정치인으로서의 길을 결심하게 만든 중요한계기였습니다.

2000년대 후반, 성남 시민들의 보건 의료 문제 해결을 위해 이재명은 시민 운동 동지들과 공공의료원 설립을강력히 추진했습니다. 당시 성남은 상대원공단, 성남 시내 노동자들, 철거민들 등 다양한 사회적 약자들이 많이 살고 있었습니다. 이들은 의료 접근성이 떨어질 뿐 아니라 병원비나 치료비로 많은 어려움을 겪고 있었습니다. 이재명에게 그곳은 자신이 자랐던 현장이기도 했습니다. 이재명은 공공 의료 시스템을 통해 이러한 문제를 해결하고자 했습니다. 그는 성남 시민들에게 양질의 의료 서비스를 제공하고, 특히 저소득층과 노동자들이 제대로 된 의료 혜택을받을 기회를 주고자 했습니다. 이 사업은 성남을 의료 복지선도 도시로 만들겠다는 목표를 가지고 있었죠.

하지만 성남 시청 내부의 반대와 재정적 문제, 정치적압박 등 여러 어려움에 부딪혀 공공의료원 건설은 불발되고 말았습니다. 특히 건설 예산 문제와 성남 일부 정치 세력의 반대가 주된 장애물이었습니다.

　　이재명은 성남시립의료원, 지금의 성남공공의료원 설립을 추진하던 과정에서 2004년 수배된 바 있습니다. 그는 성남시립병원설립추진위원회 공동 대표로 활동하며 시민들과 함께 의료원 설립을 위한 조례 제정을 추진했습니다. 그러나 성남시 의회가 이 조례안을 부결시키자 이재명과 일부 시민들이 본회의장에서 항의 시위를 벌였습니다. 이건으로 그의 네 가지 전과 중 하나가 붙었습니다. 수사 당국은 이재명 등이 시의회 본회의장 입구를 점거하고 항의하며 공무 집행을 방해했다고 봤습니다. 이 사건으로 경찰 수배를 당했고, 이후 재판에서 벌금 500만 원을 선고받았습니다.

정치로 바꾼다

　　그때 이재명은 성남 주민교회 기도실에 있었습니다. 주민교회는 '성남 민주화운동의 전설' 이해학 목사가 담임했던 진보적인 교회였고, 이재명도 이곳에서 종종 사랑과 봉사의 의미를 되새기며 마음의 정리를 했습니다. 수배 중이던 상황에서 이 기도실에서 마음을 가다듬던 그는 '내가 정치에 뛰어들어야 한다'는 결심을 하게 됩니다.

'이대로는 성남의 시민들이나 노동자들을 위해 무엇도 바꿀 수 없다.'

외곽에서 요구하기보다 내부로 들어가 시민의 염원을 실현하겠다고 마음먹은 것입니다. 이 결심을 통해 그는 정치인으로서 시민들을 위한 실질적 변화를 만들어 가야겠다고 다짐했고, 결국 성남 시장 선거에 출마하게 됩니다. 마침내 정치인으로서 첫걸음을 내딛는 순간이었습니다. 이재명은 후에 당시의 정치적 결심에 대해 이렇게 이야기합니다.

"공공의료원 건설이 실패했을 때, 저는 그때 스스로 다짐했습니다. 내가 정치에 뛰어들어 시민들을 위한 변화, 진정한 변화를 끌어내야 한다고 생각했습니다. 그것이 내가 이 길을 가는 이유였고, 지금까지 이어 온 원동력입니다."

이재명은 2010년에 성남 시장에 출마하여 당선되었고, 이후 성남 공공의료원 건설은 물론, 시민 중심의 정책을 추진하며 성남을 '민주적인 사회 복지 도시'로 탈바꿈시키는 데 중점을 두었습니다.

아직도 이재명이 범죄자요, 나아가 악마라 여기는 사람들이 있다면, 이는 다른 민주당 정치인과 달리 고분고분하지 않을뿐더러 나아가 민주당을 삽시간에 장악했으며, '유죄 취지 파기 환송'으로 정치적 위기에 놓여 있음에도 21대 대통령 당선 유력한 여론 흐름을 탄 이재명에 대해 두려움을 품은 우리 사회 주류 엘리트 기득권자들의 흑색선전에 넋 놓고 편승하는 것이 아닐까요?

이재명이 정치하는 이유를 과거 발언에서 찾았습니다.

"정치는 결국 사람들이 사는 세상을 바꾸는 일입니다. 내가 시민들을 위해 싸우지 않으면, 그 누구도 싸워 주지 않는다는 것을 깨달았습니다. 그래서 정치를 결심했고, 그 후부터 모든 일을 시민들의 삶을 변화시키기 위한 무기로 삼았습니다."

이런 철학을 가진 대통령 후보를 보셨습니까?

에필로그

끝까지 읽어 주셔서 감사합니다

벗님들,

이재명의 정치적 신념은 '약자의 편에 서는 정치'에서 출발합니다. 그는 어려운 환경에서 자라온 경험과 변호사 시절 사회적 약자들과의 소통을 바탕으로 정의로운 사회를 만드는 것이 자신이 정치를 하는 이유라고 말합니다.

이재명은 가난한 환경에서 자랐고, 이를 통해 사회의 불평등과 부조리를 뼈저리게 경험했습니다. 이러한 배경은 그에게 소외된 사람들, 노동자, 가난한 시민들의 삶에 깊은 관심을 가지게 했습니다. 그는 자신이 가진 권력과 자원을 통해 이들에게 도움이 되고자 결심했습니다.

변호사 시절, 노동자, 철거민, 소외된 이들을 위한 법적 싸움을 하면서 이재명은 "법은 강자 편이 아닌 약자 편이어야 한다"라는 신념을 확고히 하게 됩니다. 이러한 경험은 그를 정치에 뛰어들게 만든 중요한 계기였습니다. 그는 시민들이 직접적인 정치적 권리를 행사하고, 정의롭고 공정한 사회를 만들어 나가야 한다고 믿습니다.

이재명이 정치에 뛰어든 또 다른 이유는 사회적 불평등과 부패에 대한 반발입니다. 그는 정치적, 경제적 부패가 일상적인 문제를 해결할 수 없게 만든다고 느꼈습니다. 이재명은 불법 건설 비리, 지역 내 부당한 정치적 거래에 맞서 싸우며, 정치적 권력과 경제적 이득이 결탁하여 시민들의 삶을 침해하는 현실에 분노했습니다. 그가 성남 시장과 경기 도지사로 활동하면서 추진한 공공의료원 건설, 사회 복지 정책, 청년 정책 등은 모두 불평등 해소와 사회적 정의를 실현하기 위한 노력이었습니다.

행정가로 변신한 그는 그 권한을 공공의 이익을 위해 쓰겠다 다짐했고, 지금껏 국민을 위한 정책, 사회적 약자의 권리 보호, 부패와 특권 청산을 소명으로 알고 달려왔습니다. 시장, 도지사에 이어 대통령이 되려는 이유 모두 같은 인식의 기반에 있습니다. 대통령이 돼야 보다 근본적으로 변화를 이끌 수 있다고 생각하고 있습니다. 그가 과거와 달리 폭넓은 사람을, 다양한 목적으로 만나고 교류하지만, 이른바 '우클릭' 같은 자기 부정이 아닙니다. 사람들에게 기회를 주고, 평등 사회를 만들기 위해 싸우겠다는 진심은 전혀 달라지지 않았습니다. 그것은 바로 정의로운 세상을 향한 걸음입니다.

19대 경선 연설

　　정치는 정치 주체자의 성취와 번영이 아니라 사람들의 삶을 변화시키고, 불평등과 부패를 없애며, 공정한 사회를 만드는 공공적 목적에 있을 때 빛납니다. 이재명이 생애 처음 대통령이 되겠다고 나서던 때의 연설문 하나를 간직하고 있습니다. 저는 이것이 이재명의 초심이자 진심이라고 생각합니다.

　　효능감 없이 기득권자의 노리개로 전락한 정치, 이런 정치는 무수한 정치 혐오주의만 낳을 뿐입니다. 국민이 떠난 정치엔 세력이 장악하기 마련이지요. 그렇게 돈으로 민주주의는 오염됩니다. 저는 이재명주의자가 아니라 정치가 제 자리를 찾아 공화국이 온전하게 작동하기를 바라는 사람입니다. 여전히 내란의 때가 묻은 사람에게 나라를 맡겨야 한다고 보십니까? 그 정권이 들어서서 누군가가 또 헌정을 중단시킨다 해도요? 경제·민생 엉망진창으로 만든다 해도요? 정상을 넘어 정답인 이재명을 믿고 맡겨 주시면 안 되겠습니까? 우리에게 남겨진 시간이 얼마 안 남았습니다.

벗님께서도 한 표의 효능감을 느끼셨으면 좋겠습니다. 정치가 달라져 세상이 반듯해지는 기분, 이재명과 함께 새봄을 여는 주인공이 돼 주십시오.

2025. 5. 16

김용민 드림

2017년 더불어민주당
제19대 대통령 후보자
호남 권역 선출 대회 연설

존경하는 전남북 도민, 광주 시민 여러분 그리고 대의원 당원 동지 여러분 인사드립니다. 이재명입니다.

공수 특전 부대의 대검과 총탄에 짓밟혔던 광주 5·18이 다시 촛불로 부활했습니다. 윤상원 열사와 그의 동지들이 박근혜를 끌어내린 촛불의 뿌리입니다. 이제 미완의 광주 혁명을 완성할 때입니다. 촛불로 박근혜 탄핵한 국민의 힘으로 정권 교체는 이미 기정 사실이 됐습니다.

이 자리에 와 계신 문재인 후보님, 문 후보님이 후보가 되면 정권 교체됩니다, 여러분. 안희정 후보님 와 계십니다. 안 후보님이 후보가 되면 정권 교체됩니다. 최성 후보 와 계십니다. 최성 후보가 후보가 되면 정권 교체됩니다. 이재명이 후보가 되면 정권 교체가 됩니다. 그러나 더 나은 정권 교체, 세상이 바뀌는 정권 교체가 됩니다, 여러분!

모든 이에게서 희망을 빼앗아 가 버린 이 처절한 불평등과 불공정, 반칙과 특권을 없애라. 1%만 잘사는 나라가 아니라 99%가 함께 잘사는 나라를 만들어라. 평화로운 자주 독립의 나라를 만들어라. 국민들은 이렇게 명령하고 있다고 생각합니다, 여러분!

부패한 기득권을 혁파하고 국민에게 희망을 만들어 줘야 합니다. 싸우지 않으면 청산할 수 없고, 청산하지 못하면 비뚤어진 나라 고칠 수 없습니다. 기득권에 둘러싸이거나 기득권과 손을 잡고서는 새로운 나라 만들 수 없습니다, 여러분!

이 시대에 자유롭고 공정한 나라 만들려고 평생 기득권과 싸워 온 이재명만이 할 수 있다고 자부합니다.

이재명은 물려받은 유산도 세력도 없는 흙수저입니다. 그러나 위기를 기회로 만들어 끊임없이 한계를 극복해 왔고, 성남 시장이라는 작은 권력으로 온 국민이 만족해 할 만한 성남을 만들었습니다. 대통령의 권한을 부여해 주면 사상 최강의, 온 국민이 행복한 대한민국을 만들어 드리겠습니다.

대의원, 당원 동지 여러분, 이재명이 인물은 되고 실력은 있는데 세력이 없어서 짠하십니까? 걱정 마십시오. 지금 우리는 거대 정치 세력 민주당의 대표를 뽑는 것이지 세력이 많은 사람을 뽑는 것이 아닙니다. 우리에게 필요한 것은 능력과 실력을 갖춘 인물입니다, 여러분!

저를 민주당의 후보로 만들어 주시면 당당하고 평화로운 자주 독립의 나라를, 평등과 자유, 인권, 복지가 넘

쳐나는 진정한 민주 공화국을 만들어 돌려드리겠습니다, 여러분!

저는 초등학교를 졸업하고 13살부터 어머니 손을 잡고 공장에 다녔던 소년 노동자 출신입니다. 공장에서는 군복을 입은 관리자에게 끊임없이 구타당했고, 화공 약품에 의해 후각을 상실했고, 프레스에 팔을 다쳐서 팔은 이렇게 휘어 있습니다. 산재 사고를 당하고도 한 손을 가지고 일했습니다. 잿빛 작업복을 입고 공장에 가는 길에 교복을 입고 학교로 가는 제 또래들이 그렇게 부러웠습니다. 그래서 대학 입학 때는 아무도 입지 않는 대학 교복을 맞춰 입고 어머니와 함께 대학 입학식을 갔습니다.

이제는 거동조차 제대로 못하시는 제 어머니 생각하면 가슴 아픕니다. 화전민 집안 시집 와서 화장실을 청소하며 우리 7남매를 키웠습니다. 마음의 병을 앓고 계신 우리 형님께서 시정에 개입할 때, 그걸 막다가 우리 집안에 싸움이 났습니다. 형님이 어머니에게 욕을 하고 패륜을 하고 어머니를 폭행했습니다. 병원에 가신 어머니를 보고 제가 참을 수가 없었습니다. 그래서 어머니 때문에 제가 형님과 싸웠습니다. 그런데 그것이 또 녹음되어서 온 국민이 들었습니다. 제가 참았어야 했습니다. 잘못했습니다. 앞으로는 하지 않겠습니다. 용서해 주십시오.

국민 여러분, 제 어릴 적 상흔들이 제 몸 곳곳에 남아 있습니다. 그러나 그 아픈 기억과 상흔들은 이제 곰삭아서 기득권과 저항하고 공정한 나라를 만드는 투지와 용기의 원천이 됐습니다.

저는 전두환에 속아 광주 항쟁을 폭동으로 알았던 사람입니다. 광주 때문에 저는 제 인생을 바꿨습니다. 개인적 영달의 길을 접고 인권 변호사의 길로 들어섰고, 개인적 희생을 무릅쓰고 이 나라의 일꾼들과 싸웠고, 공정한 나라를 만들기 위해 싸웠습니다. 군사 정권의 주구가 될 수 없어 판검사를 거부하고 인권 변호사가 되었고, 기득권과 싸우다가 누가 말하는 '전과자'가 됐습니다. 그러나 저는 앞으로도 계속 싸울 것입니다. 광주는 그래서 저의 사회적 어머니입니다. 제가 제2의 광주 학살, 세월호에서 눈을 떼지 못하는 이유입니다.

이제 우리는 대전환의 분기점에 서 있습니다. 많은 시민 혁명들이 있었지만, 그간 70년 동안 우리는 기득권자들이 새로운 얼굴로 끊임없이 기득권의 자리에 복귀하는 것을 눈 뜨고 지켜봐 왔습니다. 4·19 후에는 박정희가, 5·18 후에는 전두환이, 87 항쟁 뒤에는 노태우가 되돌아왔습니다. 이제 다시 이런 역사를 반복해서는 안 됩니다. 이번 촛불 혁명이 기득권자들의 교체, 대통령만의 교체가 아니라, 우리 모두의 삶을 바꾸는 세상을 바꾸는 진짜 교체, 진정한 혁명의 완성이 되어야 합니다, 여러분!

여러분께 묻고 싶습니다. 한 달에 200만 원을 못 받는 노동자들이 900만이 넘는 나라, 절망한 청년들이 "헬조선"을 외치며 대한민국의 탈출을 꿈꾸고 출산까지 거부하는 이런 나라, 이제 끝내야 되지 않겠습니까! 10%가 소득의 절반을 차지하고 50%의 국민들이 겨우 5%를 나눠 갖기 위해 아등바등해야 하는 나라, 이 불평등한 나라, 이제는 끝내야 하지 않습니까, 여러분!

노력해도 잘살 수 없고 노력할 기회조차 사라져 버린 이 불평등한 나라, 매년 1만 8,000명이 자살하는 이 비정상의 나라, 우리가 이겨 내야 하지 않겠습니까! 돈과 권력이 있으면 죄를 지어도 떵떵거리고 사는 나라, 정치, 권력과 재벌이 손잡고 국민의 등을 쳐 먹어도 안전한 나라, 전직 대통령이라는 이유로 사람을 죽이고, 뇌물을 받고, 중범죄를 저질러도 제대로 처벌받지 않는 나라, 이런 나라 우리가 고쳐야 하지 않습니까, 여러분!

소수의 기득권자만이 아니라 모두 함께 잘사는 나라를 만들어야 합니다. 상속이 대세가 아니라 공정한 기회가 보장되는 나라, 특권과 반칙 대신 공정한 기회가 보장되는 나라, 일한 만큼, 기여한 만큼의 정당한 몫이 보장되는 나라, 따돌림과 차별이 없는 따뜻한 나라, 대통령도 재벌 총수도 지은 죄만큼 처벌받는, 법 앞에 평등한 나라, 우리가 만들어 내야 합니다.

재벌과 중소기업이 상생하고 노동자와 농민, 자영업자도 함께 잘사는 나라, 생명이 존중받고 안전한 나라, 모든 영역에서 차별 없는 평등한 나라, 이재명이 만들고 싶습니다, 여러분!

국익을 위해 미국에도 과감하게 "No!"라고 말할 수 있는 나라, 한반도가 평화롭게 함께 통일을 향해 가는 나라, 그런 나라 만들고 싶습니다. 한반도의 긴 역사, 멀게는 동학 혁명에서 가깝게는 2002년 민주당 경선에까지 호남은 언제나 새로운 역사를 만들어 왔습니다. 호남은 통념과 대세를 뒤엎고 역사의 물길을 바꿔 내는 능력을 가진 이 나라 핵심 중 핵심입니다.

이재명은 모두가 유리한 길을 골라 갈 때, 유불리를 계산하지 않고 오로지 발 닿는 길을 걸어 왔습니다. 옳은 길이기에 표 떨어지는 줄 알면서도 사드를 반대했고, 노동 존중, 재벌 개혁, 재벌 증세를 말했고, 이재용, 박근혜의 구속과 사면 금지를 말했습니다. 죽는 줄 알면서도 종북몰이 정면 돌파했습니다. 2002년, 노무현이 호남의 선택을 받아 대한민국 대통령이 됐고 역사가 바뀌었습니다. 여러분이 이재명을 선택해 주시면 김구 선생이 못다 이룬 자주 독립의 꿈을, 김대중 대통령이 못다 한 평화 통일의 꿈을, 노무현 대통령이 못다 이룬 반칙과 특권 없는 세상의 꿈을, 그리고 우리 모두의 꿈, 함께 어우러져 모두가 행복하게 살아가는 대동세상의 꿈을 저 이재명이 여러분께 만들어 드리겠습니다.

역사상 최강의 대통령이 되겠습니다.

부록

이재명 2025년 21대 대통령 선거 출마 선언

"위대한 대한국민의 훌륭한 도구가 되겠습니다."

大한민국 민주주의의 위대함은 헌법이라는 그 제도에 있는 게 아니라 그 제도를 가지고 사는 우리 국민 스스로의 위대함이죠. 억압을 하면 포기하고 좌절하고 굴복하는 것이 아니라 결국 그걸 이겨 내요. 역사에서 그렇게 보여 줬던 거죠. 정말 진정한 의미의 민주적 국가를 훼손하려는 그들의 시도에 대해서 끊임없이 저항해 왔어요. 이번에도 저항한 거죠. 강력한 무력을 동반한 현실 권력을 끌어내렸지 않습니까. 저는 우리 국민들의 이 위대함이 대한민국 위대함의 원천이라고 생각합니다. 아마도 세계사에 남을 일이 될 겁니다. 그런데 겨울이 너무 길고 깊었어요. 그 길고 깊은 겨울을, 결국은 우리 국민들이 깨고 나오는 중이잖아요. 아마 겨울이 깊었던 것처럼 봄은 더 따뜻하겠죠. 따뜻한 봄날을 한번 꼭 만들었으면 좋겠습니다.

대립·갈등이 지금 아주 크죠. 그런데 그 원인은 뭐냐? 여러 가지가 있어요. 아주 근본적인 것은 경제적인 겁니다. 먹고 살기가 어려워져서 그래요. 세상 사는 게 힘들어서 그렇습니다. 그런데 왜 더 잘살게 되었는데 부족하게 됐냐? 편중됐기 때문이죠. 소위 양극화, 불평등, 격차, 이게 너무 커졌어요. 우리 사회가 총량으로는 과거보다는 더 많은 걸 가지고 있게 됐는데, 개별적으로 보면 그게 너무 많이 한 군데에 몰려 있어요. 그런데 이게 사실은 갈등의 원인이죠.

✻ 경제 성장

지금 우리 경제는 여러 면에서 일종의 사면초가 같은 상태인 것 같습니다. 전 세계적으로 성장률 전체가 떨어지고 있어요. 그리고 경제는 사실 민간 영역만으로는 제대로 유지 발전되기 어려워요. 정부 영역의 역할이 중요한데 지금 거의 3년 동안 정부는 경제를 방치해 뒀죠. 이제는 첨단 과학기술에 대한 투자가 중요한 시대가 됐습니다. 그런데 문제는 과학기술의 수준이 너무 높아져서 개별 기업들이 감당할 수 없는 상황이 되었어요. 그래서 정부 단위의 인력 양성, 또 대대적인 기술 개발, 연구 개발 투자, 스타트업이나 벤처기업에 대한 대규모 투자, 그렇게 하면 다시 또 살아날 수 있습니다. 우리, 너무 좌절할 필요는 없는 거죠.

✳ 잘사니즘←경제 성장(먹사니즘)

먹고사는 문제가 가장 중요하다, 이거는 사실은 매우 기능적이고 물질적인 거예요. 고통스럽게 살지 않게 해 줘야 한다. '잘산다'라고 하는 것이랑은 좀 달라요. '잘사니즘'이라고 하면 좀 더 가치 지향적이고, 좀 더 정신적이고 고통 없는 삶을 넘어서 더 행복한 삶을 살 수 있는 세상을 만들자 그런 거라고 봐 주시면 되겠습니다.

✳ 방법: 실용주의

정치라고 하는 것은 현장이죠. 현장에서 국민들의 삶을 놓고 실제로 그 삶을 결정하는 거예요. 그게 빨간색이냐 파란색이냐, 아니면 어떤 방법이, 정책이, 누구의 생각에서 시작된 것이냐. 그건 특별한 의미가 없죠. 어떤 게 더 유용하고 어떤 게 더 필요하냐. 이게 최고의 기준이 되어야 합니다.

❋ 방법: 실용주의 + 신속성

제가 정한 원칙이 있어요. 대개의 공직자들의 태도를 보니까 중요하고 큰 일을 고민하느라고 작아 보이는 일들을 미뤄 둬요. 그러니 엄청나게 쌓여요. 공직자는 "백만 명이 걸린 일이냐, 백 명이 걸린 일이냐" 하면, (백만 명이 걸린 일)만 배로 중요한 일이라고 생각하지만, 백 명이 걸린 일조차도 그 백 명은 목숨이 걸린 거예요. 그래서 모든 일이 다 중요하니 작고 쉽고 간단해 보이는 일을 최대한 빨리 해치운다. 그렇다고 큰 일을 안 한 건 아니에요. 그건 그것대로 고심하고 있죠. 저는 제 업무 책상에 서류가 쌓여 있지 않아요. 안 쌓아 놓습니다.

❋ 목표: 생명 중시

재난이나 사회적 위기 때 피해를 입는 것은 힘겹고 못 살고 어려운 사람 순이에요. 사실 그 사회의 문화 수준이랄까. 그 사회에 대한 평가는 약자들에 대해서 얼마나 많이 관심 갖고 지원하느냐에 달려 있어요. 생명, 안전을 유지해야 그 다음 단계 더 나은 삶, 행복한 삶을 꿈꿀 수 있어요. 그래서 국민의 생명과 안전을 지키는 것은 정부가, 국가가 해야 될 가장 중요한 일입니다. 뭐든지 문제를 생각해 보면 우리가 조금 더 신경 썼더라면 막을 수 있던 사고로 보여져요. 누가 얼마나 체계적으로 신속하게 대응하느냐에 따라서 피해는 매우 적을 수도 있어요.

✳ 외교(국익 우선)

현실적으로 보면 한미 동맹 매우 중요하고 한·미·일 협력 관계도 매우 중요하죠. 그 속에 일관되는 원칙은 대한민국의 국익이 최우선이다. 거기에 따라 판단하면 되겠죠. 경쟁할 영역은 경쟁하고, 협력할 영역은 협력하고, 또 서로 갈등할 영역은 잘 조정하는 거죠. 특히 이제는 국가 간 경쟁이 사실 기업 간 경쟁과 거의 같아졌습니다. 기업과 정부의 역할 분담, 협력이 정말로 중요해요. 특히 국제 경쟁에서는 반드시 필요한 부분입니다.

✳ K-이니셔티브

김구 선생이 정말 우리가 먹고사는 것조차 해결하지

못하는 그 시대에 "우리가 꿈꾸는 나라는 문화가 강한 나라다", 문화 강국 얘기를 하셨어요. 저는 우리의 역량을 통찰한 정말 혜안이었다 생각합니다. 지금 문화 영역에서는 세계를 상당 부분 선도하고 있지 않습니까. 그걸 우리는 K-컬처, 한류라고 보통 부르지 않습니까. 그런데 여기에 더해서 이제는 K-민주주의, 아마 이번 두 번에 걸친 촛불 혁명, 빛의 혁명을 통해서 무혈의 평화 혁명으로 현실 권력을 끌어내리는, 세계사에 없는 일들이 민주주의의 이름으로 이뤄졌잖습니까. 정말로 위대한 민주주의의 힘을 보여 준 거죠. 대한민국이 세계를 선도하는 여러 영역들이 있다고 봐요. 저는 이런 것들을 'K-이니셔티브'라고 통칭하고 싶습니다. 우리가 비록 규모는 적지만 소프트파워 측면에서는 여러 영역에서 세계를 선도할 수 있겠다는 생각이 들어요. 그런 나라 한번 꼭 만들어 보고 싶어요.

✳ 진짜 대한민국!

대한민국이라고 하는 이 국호. 국호에는 정말 큰 뜻이 담겨 있죠. 민국, 국민의 나라, 민중의 나라, 이 '민'자는 백성이죠. 흰 옷 입은 사람들. 평범한 사람들. 평범한 사람들의 나라, 그리고 작지만 큰 나라죠. 많은 사람이 희망을 가지고 행복한 삶을 꿈꾸는 그런 세상, 그런 세상이 봄날 아니겠어요. 진짜 대한민국을 만들고 싶습니다. 그냥 이름만 있는 대한민국이

대선 출마 영상

아니라 "진짜 대!한!민!국!". 그리고 그 대한민국은 "대!한!국!민!"이 만들어 가는 거죠. 그 대한 국민의 훌륭한 도구. 최고의 도구, 이재명이 되고 싶습니다.

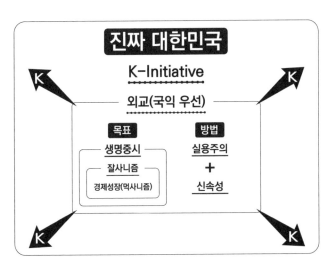

이재명의 '진짜 대한민국' 만들기